The Psychology of Lifestyle

こころと人生
幸せのライフ・スタイルを求めて

中島俊介 編 Shunsuke Nakashima

ナカニシヤ出版

まえがき

「雑草のように踏まれても，踏まれても強く」というけれど，雑草をよく観察してみると，踏まれ続けた雑草は立ち上がらなくなる。横に伸びていくのである。植物の生きる目的は実を結び，次代に命をつなぐことで，上に伸びることではないからだ。優劣や勝ち負けにこだわり，競争に勝つことが価値であるかのようにも見える現代社会において，目的を見失わないライフ・スタイルこそ真の雑草魂である。それには踏まれる勇気も必要である。

このように生きる目的やライフ・スタイルを私たちに考えさせる心理学が，近年，注目を集めているアドラー心理学と，森田療法の創始者である森田正馬の心理学である。

アドラー心理学は「対人関係の心理学」「勇気の心理学」と呼ばれている。確かに私たちの悩みの 8，9 割は「人間関係の悩み」だといえる。フロイト，ユングと並ぶ心理学 3 大巨人の一人に数えられるアドラーの心理学には現代の複雑な人間関係を生き抜くための，適切なコミュニケーションのあり方や感情についての鋭い洞察が見られる。

森田正馬の心理学では心理治療の枠を超えて「目的本位の生活の勧め」や「あるがままの生き方」など生活の健康を説く。そこには不安の多い現代社会を主体的にたくましく生きる雑草魂の知恵が説かれている。両者の心理学をベースにして，人間の一生を俯瞰した本書が人間の生きる力を強める新しい時代の心のありようを考える一助になればと思う。

編者は 1991 年に『こころと人間』（ナカニシヤ出版）を刊行して生涯発達心理学の観点から人間の一生を俯瞰した。次著『心と健康』（ナカニシヤ出版，1999）では精神保健の角度から健康な心のありようを提案した。今回，二人の実践・専門家の協力を得ることができ『こころと人生』を上梓して健康で適応的な人生のありように迫ることができたと自負している。胎児・乳幼児に関しては保育士，中島大樹氏。学童期と思春期は小学校教師，中島晋作氏である。

二人の協力を得て，時代をリードする新しいテキストを作成することを試みた。病に悩む人がこの本を手にして「治らないのは治してはいけないからだ」とその深い意味を想う。そんなふうに，この本を通じて読者が自分の「過去・現在・未来」の健康な生き方を洞察することで将来を展望し力強い人生を歩む一助になればと切に願うものである。

目　次

まえがき　i

● 1章　胎児期・乳児期 ・・・・・・・・・・・・・・・・・・・・・ 1
　1. 胎児の能力　2
　2. 出生と発達　4
　3. 乳児と愛着　5
　4. 乳幼児と信頼　7
　5. エリクソンの発達課題　9

● 2章　幼児期 ・・・・・・・・・・・・・・・・・・・・・・・・・ 11
　1. 幼児期と自律　11
　2. 幼児期と自発性　14
　3. 好奇心・探求心　17

● 3章　学童期 ・・・・・・・・・・・・・・・・・・・・・・・・・ 19
　1. 健康な学童期の子どもの姿　19
　2. 学童期の課題と保護者の役割　24
　3. 学校でできること―幼稚園・保育園でも大切なこと　29

● 4章　思春期 ・・・・・・・・・・・・・・・・・・・・・・・・・ 33
　1. 思春期の特徴とその対応　33
　2. 適応の困難さと向きあう　37

● 5章　青年期 ・・・・・・・・・・・・・・・・・・・・・・・・・ 45
　1. 青年期の自己の発達　45

2. 現代青年のこころの病理とその回復　50
　　3. 健康な自己を育てるために―「あるがまま」の学習　52

●6章　若い成人期―20代から30代まで　・・・・・・・・・　59
　　1. 親密性の発達とは―恋愛と結婚　59
　　2. 地域の仲間と共に生きる　62
　　3. 社会人に必要なメンタルヘルス対策　64

●7章　成人期―30代から60代まで　・・・・・・・・・・　71
　　1. ライフ・スタイル　71
　　2. 自分のライフ・スタイル診断　74
　　3. 成人期に起こる対人関係の悩み　81
　　4. 成熟した成人とは―あるがままと認知行動療法　96

●8章　老年期　・・・・・・・・・・・・・・・・・・・・　99
　　1. 老年期の危機　99
　　2. 幸せな人間関係を求めて　102
　　3. 絶望の心理学―「自殺したい」と打ち明けられたら　105
　　4. 死についての見方の発達　109

あとがき　115
引用文献　117
索　　引　123

1章　胎児期・乳児期

　本章では生命の始まりとして，胎児期から誕生そして乳児期を取り扱う。
　「子どもの良心の両親は両親の良心」という言葉遊びがある。確かに，子どもの心を育てるのは親であり，その親もまた親に育てられた。このように子育ては親子関係の繰り返しである。ただ繰り返すだけではない。鯨岡（2002）は「人間は育てられる者として生まれ，育てる者になるという生涯発達を繰り返す。育てる者として成熟するには育てられる者との相互関係が重要である」とその関係性の大切さを指摘している。一方，みなが子育てを望むわけでもない。湊（2012）は小説の中で「幸せな家庭で育ち，いつまでも愛するあのひとたちの子どものままでいたい，庇護され続けたい。『母』であるよりも『娘』であり続けたい，とどまり続けたい。そう思っている女性も，きっといるはずです」と述べている。
　「子育て」や「子どもというヒト」のことを，何も考えないで出産を迎えるケースもある。このような風潮では，社会問題にもなっている幼児虐待やネグレクトなど子育て問題の増加が懸念される。人は，すべて「役割」や「課題」を背負いながら社会に参加していると筆者は考える。この役割と課題は，一生涯を通して年齢によっても変わるし，学校や社会などの環境によっても変わってくる。その役割をまっとうし，課題をクリアすることで様々な人生の道は開ける。ここでは養育者・母親・教育者など，子どもに関わる人の役割と課題を考え，知識として身につけ意識して気にかけた方がよいことについて述べたい。
　知識は，もっていて損をすることはないが，得た知識をどう使うかについても考えたい。この章で様々な知識を得ることで，少しでも子どもや教育に興味関心を深め新たな認識と見識を得ることを望みたい。

1. 胎児の能力

　近年，各方面の研究によって，様々な胎児の能力が解明されている。そしてこれからさらに研究が進み，胎児のすべてのメカニズムが解明されることになると思われる。しかしどんなに文明が進もうと，子育ての明確な一つの解は，発見されることはない。なぜならば，今も昔もヒトは，それぞれの環境や遺伝の中で様々なパターンで育っていくからである。しかし研究によって解明された一つ一つのことから，少しでも養育者の子育ての悩みへの答えや，よりよい教育方法が発見されるとしたら，それは人類の輝く未来のために必要な研究だといえる。

　人の出生前の発育から考えると妊娠期間は，2つの段階に分けて考えることができる。①受精から身体がほとんどできあがるまでの妊娠2週から10週までの期間と，②それぞれの器官が成熟する11週以降から分娩するまでの時期である（池川 2008）。受精から胎生期の10か月を子宮内で過ごし新生児として生まれてくる。

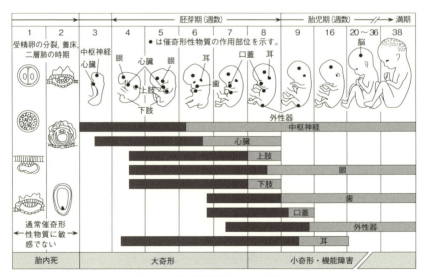

図 1-1　出生前の発達（Moore 1988）

カナダの医学博士トマス・バーニー（Thomas Verny 2007）は，妊娠中，胎児の脳の発達に，母親のこころの状態が大きな影響を与えていることや，胎児のころから子どもに愛情をもつことの重要性などを説いている。妊娠中の母親が，心身ともに不安定であれば，胎児に悪い影響を及ぼすことは容易に予測できる。つまり，胎児は子宮内でただ無感覚で白紙のごとくこの世に生まれ出てくる日を待っているだけではない。胎児が発達していくためには，胎内の環境が大きな影響をもたらす。妊婦の精神的なストレスが胎児に悪い影響を与えることは広く知られているが，大切なことは「精神的ストレスが契機となって起こる喫煙や飲酒などが重なり合って，胎児が生活する胎内に影響を及ぼしている」と考えることである。

池川（2008）は，胎児にも意識があり，これからはその重要性にも注目することで今後の育児のあり方の参考にできると述べている。泣いている新生児に母親の心臓音を聞かせると，泣き止むなどの鎮静効果がある（中里 1995）。胎児はいつから記憶や意識をもつのかという科学的根拠は，まだ解明されていないが，意識の始まりを知ることは，人間を知ることであり，命の誕生を見つめることは人生の意味を探ることでもある（池川 2008）。これからさらなる発見が期待される。

以前は，妊娠期間はあくまで胎児の身体が発達する時期で意識も感覚もないと考えられていたが，現在では様々な発見がある。胎児は，身体的にはどのような能力をもっているのだろうか。認知能力の1つである感覚能力のうち，特に視覚・聴覚・嗅覚・味覚・触覚の5つを「五感」と呼ぶが，このうち真っ先に発達するのは「聴覚」である（小西 2003）。

一般的には胎児期8か月で聴覚はおおよそ完成しているといわれている。次項で主な身体的な胎児の発達を紹介する（スローン 2010；カー＝モース＆ワイリー 2000）。

[1] 聴　　覚

妊娠12週で音に対する反応が見られ，妊娠後期には内耳に届く低周波の音を聴覚で拾いながら，子宮の内外に広がる世界について理解を深めていく。高音域の音がほとんど伝わっていないにもかかわらず，胎児は周りの世界のこと

をかなり理解している。

[2] 嗅　　覚

　鼻の化学感覚系（においを感知する神経）は，妊娠第三期が始まるころには十分に機能できるほど発達している。ヒトの嗅覚は相互連結した4つの下位システムで構成されている（三叉神経・嗅神経・鋤骨器官・終神経）。未熟児でもこれらのシステムはきちんと働いている。

[3] 味　　覚

　妊娠15週までには，味蕾（みらい）が働き始め，羊水の味が化学物質の種類によって変わると，その味の違いを感知できるようになる。

[4] 視　　覚

　妊娠16週目を境に光に対し敏感になる。胎児によっては光があたると目をふさぎ，超音波を当てると耳をふさぐ場合もある。妊娠31週目になれば，出生時と変わらない視力が備わっている。新生児の視力は0.05程度の近眼である。

　このように胎児は，子宮の中で多くのことを学習しながら外界へ出る準備を整えている。つまり，子育ては出産を迎えて始まるのではなく，胎児が子宮内にいるときから始まっているといえる。

2. 出生と発達

　胎児は受精から10か月間かけて母親のお腹の中で生活して体外生活を送るために必要な組織を完成させ，ヒトとして誕生してくる。生まれたときの体重は，昔から子どもの発育を知る一つの目安とされてきた。体重2,800gが平均値とされ，2,500g以下の子どもは低体重児と呼ばれる。2,500gは脳，呼吸器，循環器，消化器などの内臓や筋肉が外界に対応できるであろうという目安である。低体重の状態では，育てるのが大変というだけでなく，体の動きの面でも特徴があり，障害発生の危険因子としてあげられる（表1-1）。

表 1-1　障害発生のハイリスクの概念（前川 1979）

母体因子
1　妊娠時のハイリスク因子
①年齢：16 歳以下と 40 歳以上の分娩，初産では 35 歳以上
②既往妊婦分娩歴：習慣性流産，多胎，未熟児，奇形児，巨大児の前歴　③妊娠初期の性器出血
④妊娠 3 か月以内の奇形原ウイルス感染：風疹・サイトメガロウイルス
⑤放射線照射　⑥喫煙の習慣，飲酒の習慣，コーヒーの多飲　⑦糖尿病，その他の内分泌疾患
⑧肥満　⑨Rh 陰性で抗体の上昇　⑩妊娠中毒症とくに重症
⑪妊娠中の感染症：トキソプラズマ・梅毒・結核・慢性尿路感染・単純ヘルペス
⑫妊娠中の重症疾患：心疾患・腎疾患・肝疾患・栄養障害・精神病
⑬治療薬の長期内服：抗癌剤・ステロイド療法・抗痙攣剤　⑭貧血
2　分娩時のハイリスク因子
①分娩時間の遷延：初産 24 時間，経産 12 時間，第 2 期 4 時間遷延
②前早期破水：分娩前 24 時間以上　③多胎　④胎盤早期剥離　⑤前置胎盤
⑥羊水異常：泥状混濁，羊水過多　⑦臍帯異常＝脱出，下垂　⑧fetal distress
⑨高位・中位鉗子　⑩緊急帝切　⑪骨盤位ならびに flying fetus　⑫胎盤機能不全
新生児ハイリスク因子
①出生体重：2.5kg 以下と 4.1kg 以上とくに 2.0kg 以下　②在胎週数 34 週前と 43 週以後
③不当軽量児（SFD）　④仮死：APGAR3 点以下（1 分後）
⑤多発性奇形ならびに複数の変質徴候　⑥分娩損傷　⑦呼吸障害
⑧髄膜炎・ヘルペス肝炎　⑨中枢神経系の異常：痙攣・哺乳障害
⑩新生児低血糖症　⑪出血　⑫貧血　⑬未熟児網膜症

　出生してから，後遺症もなく成長できる生下体重は 2,000g 以上とされている。しかし極小低出生体重児（1,000 〜 1,499g），超低出生体重児（1,000g 未満）であっても，保育器での体温管理，人工呼吸器を用いた呼吸管理，栄養管理などがなされれば，後遺症もなく成長することができるといわれている（柏木ら 2005）。

3．乳児と愛着

　この世に，生を受けた乳児は，様々な人的環境下で人生が始まる。遺伝も環境も人生の中では，乳児と何らかの因果関係がある。アメリカの経済学者スティーヴン・D・レヴィットとスティーヴン・J・ダブナー（Steven D. Levitt & Stephen J. Dubner 2006）は，著書の中で，アメリカ教育省が行った調査（ECLS）データを読み解き，子育てをめぐる様々な家庭要因から，どのような家庭教育を受けて育ってきたかより，どのような親なのかという，人として

の性格や考え方が，子どものその後の収入や知力に影響すると結論付けている。また脳科学者の澤口（1999）は，知能指数の60％は遺伝して，残りの40％が環境要因によると述べている。どちらにしろ，親は大きな役割を担っているといえる。

　乳児は生後8か月ごろから，養育者（通常は母親など）以外の見慣れない人が近づくと不安や怖れに満ちた表情を示し，泣いたり，顔を背けたり，養育者にしがみつくなどの行動をとるようになる。明らかに養育者とそれ以外の人を区別する。また養育者が離れて見えなくなると二度と戻らないとの恐れを抱き，不安から泣き，探し回り（**分離不安**），養育者が戻ってくると安心する。その後，記憶の感覚が発達して，去った養育者が戻ってくることを思い出すようになると分離不安は収まる。養育者との間に心理的な結びつきが形成されたといえる。養育者との信頼関係の段階を示し「愛着」という概念を生み出し有名にしたのは，イギリスの精神分析医のジョン・ボウルビィ（John Bowlby）である。「**愛着**」とは子どもと親との間に結ばれる絆のことである。親との間に育まれる絆はその後の子どもの健全な人生でとても大切な要素になる。ボウルビィは愛着理論の中で愛着発達段階を4段階に分けている（表1-2）。

　この愛着がうまく形成されないと，人との関わりを過度に避け，他者に対し

表1-2　愛着の発達（ボウルビィ1991を参考に作成）

第一段階　生後2～3か月頃 周りの他者なら誰でもほほえみかける無差別的微笑が特徴的に見られる。 あらゆる対象に対して興味を示しており，人物は区別されない。
第二段階　生後3か月～6か月の時期 主な養育者に対して，明確な目標をもった行動が増える。 特定の人物に対する働きかけが多くなる。
第三段階　生後8か月～2,3歳前後の時期 愛着行動が具体的になる。しがみついたり後追いしたりといった接近行動が増える。 見知らぬ人に対して，恐怖や警戒を示す「人見知り不安」と呼ばれる現象も見られるようになる。愛着対象である養育者を心の安全基地（secure base）として利用するようになることも特徴。
第四段階　2,3歳以降の時期 養育者の意図や感情について気づくことができるため，安定する。 しがみつきや後追いというものも，養育者が近くにいなくても「帰ってくるのだ」と思えるようになること，それが理解できるようになることで安定する。

て不快感を示したり，反対に，人との関わりを過度に求め，親しげに接してくる他者に家族より親密にふるまって愛着を形成しようと無警戒になったりすることもある。ボウルビィは，母性的養育を喪失した子どもの発達は例外なく（身体的・知能的・社会的に）遅れ，肉体的，精神的不健康の微候を示すと述べている。

岡田（2012）は，発達障害やうつ病の診断の増加の裏に愛着形成の問題が隠れているとして，愛着というのは「人類よりも長い歴史を持つ生物学的現象であり，個体の生存を超えて種の保存という命のリレーを支えてきた仕組みである」とその重要性を指摘している。愛着の形成は大人になってからの他人への接し方，そしてやがては自分の子どもへの接し方にも影響する。その影響の仕方は一様ではない。好ましい愛着パターンで育った子どもが不安定な親子関係を築くこともあるしその逆もある。愛着形成の可否がそのまま連鎖するとは単純にいえないのである。ゴプニック（2010）は「過去を系統的に回想できるか，つぎはぎで混乱した回想しかできないか」で分かれるという。親からいかに愛されたかを多弁に語った母親は子どもと安定型の愛着パターンをとる傾向があるとした。親との関係が悪く不幸な子ども時代であっても，親のしたことをきちんと理解し，その体験が今の自分にどうつながっているかを系統的に振り返れる人は自分の子どもと安定した関係を築く傾向があるとした。

辛い思いをした子どもであってもその後の新しい体験によって愛着のパターンは影響を受ける。このように，「愛着」には持続性と可逆性がある。まずは母親が重要な存在になるが，その後の人生での出会い，先生や友人といった良い出会いにより，複数の人々への多次元的な愛着が形成されることもある。母親とうまくいかなくても人生は大丈夫である。必ず良い人が現れる。ヒトのこころは繊細でもあるが一方でタフである，人への愛着は必ず形成される。安心して生きてゆくことだ。

4. 乳児と信頼

保育園という集団生活の場では，多くの園が「ならし保育」という取り組みを行っている。これは子どもや保護者（保護者も慣れる必要がある）が，初め

ての集団生活の場である保育園に慣れていくための取り組みである。集団生活初日は，2～3時間という短い時間から，少しずつ園で過ごす時間を伸ばしていく。その中で給食を実際に食べる，担当の保育士と遊ぶなどを繰り返し，家の環境との違いを体験する。2～3日で保育園環境に慣れることもあるが，1か月経っても集団生活に慣れないという場合もある。親から離れるつらさを抱えながら，同年代の友達と遊ぶなかで，徐々に保育生活に適応していく。様々な子どもの様子を見ていると，慣れの時間は子どもの個性によって違いがあるというより，親と子どものそれまでの信頼関係の築き方が大きく影響しているように思われる。保育園では，保育士が安全基地（不安や恐怖にあったときに戻れる場所）として機能することが，プロとしての技の一つでもある。

アメリカの発達心理学者のエリク・H・エリクソン（Erikson 1973）が提唱する発達段階説（図1-2）では，第1段階の乳児期の発達課題は，「**基本的信頼感**」である。母および主な養育者から親身な世話を受けることによって，世界を信頼できるという感情をもつことである。まず母親との信頼関係がうまく構築されていないと，周囲の人に対し，そばにいれば安心だという心情をもつことができない。保育園の「ならし保育」になかなか適応できない子どもは，この段階の人との信頼関係の構築に時間がかかっていると考えることができる。虐待にあい，親に対して信頼感のない子どもは，友達や先生を信頼することができないで，人づきあいがうまくいかないこともある。

乳児期に「基本的信頼感」を得ることができると，周囲を信じることができ，他人のことを考えることにつながり，我慢もできるようになる。

母親にしっかりと見守られているという安心感を獲得できなくて，家でひとり遊びが安心してできない場合は，「基本的信頼感」が十分に得られていないということになる。乳児は，親のすることを見て世界を学習し，そこから得た知識を使って周囲に働きかける。乳児は親に，親は乳児に働きかけるという相互作用の中で信頼感が発達していく（スローン 2010）。

人が良い**ライフ・スタイル**[1]をつくるには，当たり前であるが，相互に信頼を築いていくことが重要である。

---

1) ライフ・スタイル：その人の「生活・人生・生命」（ライフ）のスタイル。詳しくは7章参照。

5. エリクソンの発達課題

エリクソン（1973）は「人間は生まれてから死ぬまで，生涯にわたって発達する」という考えのもと，人間の一生（ライフ・サイクル）を8つの発達段階に分けている。図1-2に，各々の発達段階において，人間が社会的な環境のなかで経験するもっとも一般的な発達課題と心理的危機を示した。発達段階を社会的文化的なライフヒストリーとしてとらえて，各段階は次の段階を形成するための基礎となるとする発達理論である。単なる課題の記述ではなく，つまり課題を解決できるか否かという単純な形ではなく，解決のされ方を問題としており，対立する2つの命題の一方のみが残り，他方が消失するというのでもなく，両方の側面を有しながらそれらの葛藤の解決から生じるところに特徴があ

	希望する力	意志力	目的をもつ力	適格感	忠誠心	愛する能力	世話	英知
Ⅷ 円熟期（老年期）	↑	↑	↑	↑	↑	↑	↑	自我の統合 対 絶望
Ⅶ 成人期	↑	↑	↑	↑	↑	↑	生殖性 対 停滞	↑
Ⅵ 若い成人期	↑	↑	↑	↑	↑	親密さ 対 孤独	↑	↑
Ⅴ 思春期と青年期	時間展望 対 時間拡散	自己確信 対 自意識過剰	役割実験 対 否定的同一性	達成の期待 対 労働麻痺	同一性 対 役割混乱	性的同一性 対 両性的拡散	指導性の分極化 対 権威の拡散	イデオロギーの分極化 対 理想の拡散
Ⅳ 潜在期（学童期）	↑	↑	↑	勤勉性 対 劣等感	↑	↑	↑	↑
Ⅲ 移動性器期（幼児後期）	見る	↑	自発性 対 罪悪感	承認	視線見つめられる	選ぶ好む親しむ	存在を認める	今を楽しむ笑う
Ⅱ 筋肉肛門期（幼児前期）		自律 恥と疑惑	試す					
Ⅰ 口唇感覚期（乳児期）	基本的信頼 対 不信	始める						

図 1-2　人間の発達段階（Erikson 1973 より改変）

る（矢野・落合 1991）。
　ここでは，1章と2章に関連するⅠ～Ⅲ期について解説する。

[1] 口唇感覚期（0歳～1歳半）：基本的信頼感と基本的不信感
　養育者との関係で愛情を受け取りそれに反応する。信頼には養育者のみでなく効力感という自分自身への信頼も含まれる。つまり世界や自分に対する態度が形成される。ここでは，遺伝的に備わっている様々なものを見る勇気が必要となる。

[2] 筋肉肛門期（1歳半～3,4歳ごろ）：自律性と恥・疑惑
　自我が芽生え，しつけの時期にあたる。自律性とは，しつけと関係して，外的に統制されたもの（しつけ）を内的に取り込み，自らを統制できるようになることである。
　恥や疑惑は社会や他者を意識するようになると生じるもので，この結果，自分はうまくできない，他人はできるということにより，恥や疑惑を経験する。ここでは，世界への信頼の上で何かを始める勇気が必要になる。

[3] 移動性器期（4歳～6歳ごろ）：自発性と罪悪感
　自発的に自己の行動の計画を立て目標を設け，それを達成しようと努力する。自発的な自己の行動が，社会的規範を犯すものであったり，危険を伴うことについては大人に禁止され，自己の計画，方法，目標を変更する必要が生じる。ここでは目標を追求するための，試す勇気が必要である。

[4] 発達の順序性・不可逆性
　発達課題は前の発達段階から次の発達段階へと，一つずつ順番に達成していかなければスムーズに精神発達（機能的発達）が進まないという「順序性」をもつが，一度達成した発達課題は前の段階に戻ることはない。

2章　幼児期

　幼児期とは，1歳から小学校入学までの子どものことを指す。この章で述べる「自律」や「積極性」は，自我の目覚めから始まるものである。自我のめばえは第一反抗期に現れるといわれている（『新版・保育用語辞典』2016）。脳科学者の澤口（1999）は，「自我とは自分自身の多数のフレームの能力を把握し，うまく操り，将来へ向けた計画を立て，実践することである」と述べている。将来へ向けた計画は大人になっての課題でもある。この章では，自我はどうやって育つのかを考える。また集団生活である保育現場ではどのような葛藤が子どもにあるのかを述べていく。第3節で解説する「探求心・好奇心」は，ヒトにとって重要な力で，幼いころからこの力を伸ばしていくためにできることを考える。

1. 幼児期と自律

　幼児期に入ると，子どもたちに「自律」の心がめばえてくる。この課題は前段階の基本的信頼がないとうまく獲得できない。またこの時期（第一反抗期）の子どもの行動は，母親をイライラさせたり，不安にさせたりするが，母親がこの行動に伴う危険を見守り，母親自身の不安を乗り越えて育児にあたっていることが自律を達成させるカギとなる（東山 1987）。

　「**自律**」といっても様々な考え方があり，生活の中の排泄や食事や衣服の着脱のほか，性格につながる感情のコントロールも含まれる。排泄という体験は，自律の心を育む大切な段階である。排泄についての自律の訓練をトイレットトレーニングと呼び，生活を円滑に行うためには排泄をコントロールできるということは大切な一つの自律のあかしである。失敗して恥ずかしいと思う体験も必要なことである。自分の排泄感覚をなかなか理解できないで失敗することや，

保育園での集団生活では，遊びに集中しすぎて排泄のタイミングを逃すことはよくあることである。遊びたい，でもトイレにも行かないといけない，この葛藤は自分自身の欲求をコントロールできることにつながる。

「自律性」とは，養育者が無償の愛でしっかり甘えさせてあげることを基盤に，依存の状態から自分で様々なことを考えたり，覚えたりできるようになって，自分で自分自身をコントロールできるようになっていくことである。

一方この時期に「恥・疑惑」が大きくなりすぎると，自分の気持ちを心の中に閉じ込めてしまい，自分では何もできないかもしれないと，不安や疑問をもつようになる危うい時期でもある。うまくいかないと，困難な状況に出会ったときに挑戦できなくなり，自分に自信がもてず自己主張ができなくなる。

幼児期に大切なスキルとして，アメリカのノーベル経済学賞を受賞したジェームズ・ヘックマン（James Heckman）が提唱する「**非認知能力**」がある。非認知能力とは，肉体的・精神的健康や，忍耐力，やる気，自信，協調性といった社会的・情動的性質である（ヘックマン 2015）。この能力は「自律」と関係性が強い。

自律するためには養育者の存在はとても大切である。また養育者と子どもの関係でネグレクト[2]，つまり養育者が子どもと良い関係をつくっていなかった

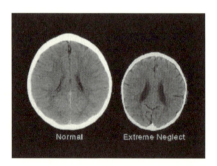

図2-1　ネグレクトされていた3歳の子どもの脳の断面図（右画像）
左画像も同じ3歳だがネグレクトの環境で育つと脳の発達が滞る。
(Image from Bruce D. Perry, MD, PhD, The Child Trauma Academy)

---

[2] ネグレクト（育児放棄）：具体的な内容としては，子どもに食事を与えない，衣類や住居を極端に不衛生な状態にする。子どもに対し継続的に無視をし，必要な情緒的要求に応えないなどがあげられる（谷田貝，2016）。

場合，脳の発達に異常が生じるという研究結果が出ている（図2-1）。これは，自律や非認知能力を育てるためには，養育者の無償の愛が大きな要因であることを示している。

「自律性」の獲得の失敗は，保育の集団生活の場で顕著に現れる。つまり人との関わりの中で見ることができる。友達が行っている遊びの邪魔をする，母親が喜ぶから行う，周りが喜ぶから行う，といった，自分の心の内を自分自身の中に閉じ込めてしまうような行為として現れてしまう。つまり悪く言うと人の注意を引くために何でもする。自分の気持ちをうまくコントロールできず，自分を誇示してみせるとか注意をひきつけるような態度をとることになる。

「自律」は「依存」の上に成り立つので，子どもの意思で興味や関心のあることを自由にやろうとすることを大切にして，そこから次の段階の「自発性」につなぐことが大切である。子どもの成長を見守る親の「断固たる態度をとると同時に寛大」であるという姿勢が必要である。まず子どもの自発性を尊重して子どもがひとりでやろうとすることは自由にさせることが望まれる。しかし，子どもが自分の生命を危険にさらすことや，社会規範から大きく逸脱することに対しては，ある程度の制限や禁止が必要になってくる。そのバランスや判断が難しく，放任しすぎると社会性の未熟なわがままな子どもになるし，過剰に制限すると自発性のない子どもになってしまう。

また，親自身が自律性をもてないままでは，子どもの自律性を育てることは難しい。ムーギー・キムとミセス・パンプキンは著書『一流の育て方』（2016）で，自制心と他人への接し方をしつけることと無償の愛を注ぐことが親の仕事であると述べている。

日本ではこの時期に幼稚園や保育園などの集団生活に入っていく子どもが多い。この時期の育ちのポイントをロバート・フルガム（Robert Fulghum）は『人生に必要な知恵はすべて幼稚園の砂場で学んだ』（2016）で以下のように述べている。

・何でもみんなで分け合うこと。
・ずるをしないこと。
・人をぶたないこと。
・使ったものはかならずもとのところに戻すこと。

・ちらかしたら自分で後片づけすること。
・人のものに手を出さないこと。
・誰かを傷つけたら，ごめんなさい，と言うこと。
・食事の前には手を洗うこと。
・トイレに行ったらちゃんと水を流すこと。

　これは，幼稚園や保育園ではよくある場面であり，自律できるよう大人が子どもに促す事柄でもある。すべての項目が，人との関わりに関することや自制心につながることである。つまり幼児期に育てた力は一生必要なものであるということになる。砂場の遊びだけではないが，遊びを通して，社会生活に対処する技術や態度を身につけていく。つまり「自律性」の獲得は，ヒトの人生にとっての大切な力の一つであることがいえる。

2. 幼児期と自発性

　「自律性」が育まれていくと，「あれもしたい，これもしたい」といった，自分で考え，行動する「**自発性**」がでてくる。自ら発想し行動する意欲の重要性は，子どもを観察していると，様々な場面で現れる。しかし，一方でこの時期に，周りの大人の規制が多いと，「自発性」をみることができなくなる。

　この時期の子どもは，目に映るものすべてに興味を示すようになり，試したくなる時期で，いろいろな事に挑戦していく。しかしまだ「何をしてもよくて，何をしたらダメなのか？」「何が正しくて，何が間違っているのか？」といった判断ができないことも多い。それでも養育者をモデルとし，その試しの場を友達との遊びの中に見出しながら，外の社会に積極的に出ていこうとする。反対にこの時期の発達課題である「自発性」を乗り越えることができずに，「できなかったこと」への「罪悪感」が大きくなってしまうと，友達とうまく関われなくなる，人と接することが苦手となるなど，外の社会への環境にうまく馴染めずに適応能力が欠落してしまう。「自発性」の発達には，強い「目的意識」をもった子どもをうまく次のステージへ移行してあげる養育者の支持的な関わりが必要である。「**目的意識**」とは，子どもが遊ぶなかで，目標と定めたもの，「何がしたい」という思いである。

ロシアの心理学者，ヴィゴツキー（L. S. Vygotsky）の発達の最近接領域という考え方は，子どもの今まさにやりたいという欲求，成熟したいという思いを，養育者は見つけ，手伝う存在でなくてはならないとするものである。ひとりではできないこと，友達となら実現できること，大人が介入すべきこと，これらは，学習や遊びをしっかりと観察することでその匙加減がわかるのである。次項で詳しく解説する。

ヴィゴツキーの発達の最近接領域（Zone of Proximal Development）

　子どもの精神発達と教授-学習との関係をどのようにとらえるかを示す心理学的概念であり，教育的活動と子どもの発達との関係を明示した考え方である。成熟と学習の相互依存的関係を表すモデルとして考えられ，問題解決場面において，子どもが独力で解決可能なレベル（＝現時点の発達水準）のほかに，大人や有能な仲間の援助のもとで可能となる，より高度なレベル（＝潜在的な発達可能水準）を仮定し，この2つのレベルに囲まれた範囲を「**発達の最近接領域**」と呼び，教育が影響を与え得る部分はここにあると主張する。つまり教育の本質は，子どもが成熟しつつある領域に働きかけるところにあり，教育的働きかけにより発達の可能水準が現時点の発達水準へと変わると同時に，新たに発達可能水準が広がるという意味で，教育は先導的な役割を果たすと考えた（皆川 2014）。

　幼児期に遊びに積極的に取り組むことで，コミュニケーション能力や集中力がはぐくまれる。ホイジンガ（J. Huizinga）は「遊びとは，あるはっきり定められた時間，空間の範囲内で行われる自発的な行為もしくは活動である。それは自発的に受け入れた規則に従っている。その規則はいったん受け入れられた以上は絶対的拘束力をもっている。遊びの目的は行為そのもののなかにある。それは緊張と歓びの感情を伴い，またこれは『日常生活』とは『別のもの』をという意識に裏づけられている」（ホイジンガ 1973）と，遊びを定義している。ここで一番大切なことはその遊びが自発的であるかどうかという「自発性」である。

　遊びの始まりは，自発的であることである。集団生活の中では，「遊べる子」と「遊べない子」がいる。遊べない子は，遊び方を知らない場合と，遊ぶとい

表2-1 遊びとは（カイヨワ 1970）

①自由な活動：すなわち，遊戯者が強制されないこと．もし強制されれば，遊びはたちまち魅力的な愉快な楽しみという性質を失ってしまう．
②隔離された活動：あらかじめ決められた明確な空間と時間の範囲内に制限されていること．
③未確定の活動：ゲーム展開が決定されていたり，先に結果がわかっていたりしてはならない．創意の必要があるのだから，ある種の自由が必ず遊戯者側に残されていなくてはならない．
④非生産的活動：財産も富も，いかなる種類の新要素も作り出さないこと．遊戯者間での所有権の移動をのぞいて，勝負開始時と同じ状態に帰着する．
⑤規則のある活動：約束事に従う活動．この約束事は通常法規を停止し，一時的に新しい法を確立する．そしてこの法だけが通用する．
⑥虚構の活動：日常生活と対比した場合，二次的な現実，または明白に非現実であるという特殊な意識を伴っていること．

う行為を積極的に行動に移さない子がいる．ずっと止まっていて動かない子は，生活習慣や性格の問題もあるが，エリクソンの発達段階でいうと「自律性」の段階でうまくいかず，これが遊びにも影響していることがある．哲学者のロジェ・カイヨワ（Roger Caillois）は，遊びを「強制されないこと」と強調しているが（表2-1），ずっと止まっている子（自から積極的に動かない子）は，「自律性」の段階のときに，遊びを強制されたり，自ら遊びを選択する環境でなかった，などの問題があると考えられる．塩川（2006）の著書の中に登場するような遊びが，強制されていない本来の遊びであり，例えば，落ち葉を投げるだけや布団に寝るだけの遊びも子どもの中では，目的意識がはっきりしている遊びといえる．大人が見ると遊びと思われないような遊びの中で育まれていく力が積極性を伸ばし次の人生の段階へ進むことにつながる．

　幼児期は，言語的にも動作的にも発達し，大人との会話も成立するようになる．大人の真似や，子ども自身で考えた遊びをするようになる．その際に，自分の思い通りにならないことや，親からの注意・叱責を受け，処罰されるかもしれないという不安を引き起こすことになる．「積極性」を伴う様々な場面への介入や関わりによって，「うまくいった！」「自分の思い描いた通りになった！」という体験のもと，自信が形成されポジティブな力となる．つまり積極的な遊びの中で「目的」をみつけることが，後の人生において「希望」や「夢」

の土台となっていくのである。

3. 好奇心・探求心

　私たち人類の祖先は，森林生活にこだわったチンパンジー類から別れを告げ，住み慣れた森林を捨ててサバンナへ進出した。わざわざ危険にあふれたサバンナへ出ていくことは，保守的な性格ではできない。好奇心と探求心，人類ははじめからこうした特徴をもっている（澤口 1999）。ヒトは，生まれながら，好奇心や探求心をもっている。しかし，大人になると疑問をもたなくなり，疑問があってもそのままにして過ごしていく人とそうでない人に分かれる。これはなぜだろう？　ハーバード大学教育学教授のイアン・レズリー（2016）は，子どもの問いに関する研究の中で，ほとんどの子どもは 2 歳～5 歳までに「説明を求める質問」を 40000 回は行うと述べている。子どもは好奇心や探求心にあふれているのに多くの大人は違う。認知心理学者のマイケル・トマセロ（Michael Tomasello 2013）は，人間の乳幼児の**指さし**には 3 つの意図・動機があり，それは「共有する」「知らせる」「要求する」であると述べている。知らせたいのは好奇心や探求心があるからではないだろうか。前述したイアン・レズリーは，指さしや質問したことをそのままにしておくと，内なる欲求はなくなるとも述べている。

　つまり，養育者や幼児教育者は，子どもが生まれながらにしてもっている探求心・好奇心を，子育ての中や集団生活の中で，伸ばしてあげる必要がある。

　何事にも好奇心を抱くようになってきた時期，とくに言葉を獲得した後は，成長の過程で良い面と危険な面が生じてくる。2 歳から 3 歳の時期には言葉も覚え，自己主張が始まり，大人の真似をしたくなったり我慢が少しできるようになったりと，心も身体も成長する。言葉を覚えることで情緒も豊かになり，そこから想像力や好奇心が強くなり，「なぜ？」「どうして？」と疑問をたくさん抱いて大人に尋ねてくる。どんな質問にも答えてあげることや一緒に考えることは好奇心や探求心を潰さない一つの要素である。子どもの気持ちを尊重し，物事を考える力や判断する力を伸ばし，何かを知ることができたという達成感を与えることも重要である。

では，好奇心・探求心を伸ばすには？という課題であるが，まず自発性を伸ばす必要があると澤口（1999）は述べている。さらに，そのためには，好奇心を削ぐような言動・教育を極力抑え，好奇心を発揮させる環境をつくることであると述べている。つまり，自発的に遊べる環境，好奇心を持続させて自発的に熱中できる環境が必要である。意図をもって環境をつくること，例えば電車が好きな子，電車に興味をもっている子に本物の電車を見せる。その後は，自発的に好奇心を伸ばしていけるように時刻表や自分でつくるプラモデルを与えるなど，その子を見ながらどんどん興味・関心を伸ばせるような環境を用意していくことが望ましい。幼児教育の父とされる倉橋惣三が言うように，幼児期の子育てや教育は「融通性」をもちながら展開していくことが重要になる（加藤 2007）。そのためには，子育てや教育をしていく大人は，一つの考えにとらわれることなく，自由に対応できるように，創造性も表現も子どもより一歩先を見る能力が必要となる。まさに育児は育自なのである。

3章　学童期

　この章では学童期について述べる。どこの文化でもどこの国でも,「学ぶ時代」である。児童は幼児期に多少のデコボコはあるものの人格の中核を築き,その国の文化や伝統,読み書き計算など社会で生きていくために必要な基礎能力を学ぶ初等教育の場に参入することとなる。

1. 健康な学童期の子どもの姿

　学童期にもっとも影響を与える学校において,どのような集団を形成していく必要があるのか,アドラー心理学の視点から整理してみよう。アドラー心理学は,オーストリアの精神科医アルフレッド・アドラー（Alfred Adler）が打ち立て,後継者たちが発展させ続けている心理学体系であり,欧米では個人心理学（individual psychology）と呼ばれている。彼の心理学が今なぜ必要なのか。それは彼が第一次世界大戦に従軍してつぶさに大量殺りくの悲惨さを体験した後に心理学の体系を築いたからである。20世紀は**戦争の世紀**と呼ばれた。21世紀を平和の世紀にするためにも彼の理論を学ぶことは重要である。

[1] アドラー心理学から見た学童期の子どもの行動

　アドラー心理学では,子どもにとって基本的な欲求は「**所属欲求**」であると考えられている。子どもの安心感や不安感は,ある一定の集団に属しているという実感に左右され,すべての子どもは集団の中で自分の居場所を確保することを目標にして行動しているといえる。子どもは無意識に,日常の生活から様々なことを観察,体験していくなかで集団の一員となるための方法を探し求め,一定の結論を導き出す作業を行っている。その結論に沿って自分の目標を達成するための行動（または動機）の基本を形成していく。つまり子どもはい

くつもの試行錯誤の中から様々な事柄を学び取り，無自覚に自分の行動を決定する。それは自分の存在感を高めるような行動だけを繰り返し，自分の存在が無視されるような行動は自然と取らないようになっていくということである。

そこで，子どもが所属欲求を満たし，精神的に健康に過ごすためには表3-1のように「健康なクラス」にする必要があるという（野田・萩，2002）。

このような健康なクラスを実現するためには，集団を**協力原理**に基づいて運

表3-1 健康なクラスと不健康なクラス（野田・萩 2002）

健康なクラス	不健康なクラス
協力原理 ・全員が協力して課題に取り組む ・過去の自分よりどれだけ伸びたか ・立ち遅れた子を全員が援助する	競争原理 ・他の生徒に勝つために課題に取り組む ・他の生徒よりどれだけ優れているか ・立ち遅れた子を取り残し切り捨てる
横の関係 ・教師と生徒は完全に対等な友人 ・全員で問題解決にあたる ・生徒どうしも完全に対等	縦の関係 ・教師が上で生徒は下 ・教師が決めて生徒が従う ・生徒間に上下の差をつくる
相互尊敬・相互信頼 ・まず教師が生徒を尊敬する ・教師は生徒をどこまでも信じる ・教師は生徒から学ぼうとする	相互不信 ・教師を尊敬するように生徒に強要する ・生徒を条件つきでしか信じない ・教師は生徒に教えようとするだけ
勇気づけによる教育 ・成果をともに喜ぶ ・失敗しても意欲を認めて勇気づける ・生徒の長所を探して認める	賞罰による教育 ・教師の基準によってほめたり叱ったり ・成功したときだけ認める ・短所を探して辱める
責任性 ・各自が自分の行為に責任をとる ・クラスの問題の原因を構造に求める ・教師は生徒が何を学ぶかを考える	無責任 ・生徒の責任は教師が引き受ける ・クラスの問題の原因を他に転嫁する ・生徒に何をさせるかだけを考える
民主的法治主義 ・民主的に制定したルールだけがある ・主権は生徒にある ・生徒の権利を守るためのルール	独裁または無政府主義 ・ルールはないか教師の作ったルール ・主権は学校にある ・教師の特権を守るためのルール
コーディネーターとしての教師 ・民主的な司会者としての教師 ・生徒の勇気と意欲を呼び起こす ・いつでも理性的に考えようとする	ボスとしての教師 ・権威的な独裁者としての教師 ・生徒を恐怖心で支配する ・すぐに感情的になって混乱する

営する必要がある。逆に**競争原理**が支配する集団では，所属欲求を満たすために子どもは不適切な行動を行うとされている。何もかもがうまくいき所属欲求が満たされている子どもは問題行動を起こさない。そのような子どもは周囲の状況にふさわしい行動をとることで自己有用感を感じ所属欲求を満たしているのである。

　教師がまずしなければならないことは，不適切な行動をとる子どもへの個別的なアプローチではなく，集団全体の変革が必要である。競争原理に基づく「不健康なクラス」ではなく，協力原理に基づく「健康なクラス」集団とする必要がある。そのためには，アドラー心理学の考え方である，「勇気づけ」「共同体感覚」が有用なのである。

[2] アドラー心理学を活用した教育
(1) 勇気づけ

　アドラー心理学では，子どもがやる気を失う，建設的な行動をしなくなる原因は，勇気を失っている，勇気をくじかれているからであると考える。そのため，アドラー心理学の教育の基本は「**勇気づけ**」であるといわれている。

　アドラーは著書『子どもの教育』(1998) の中で多くの言葉を使って勇気について言及している。個人心理学（アドラー心理学）は，子どもたちにもっと勇気と自信を与えることで，また，困難は克服できない障害ではなく，それに立ち向かい征服する課題である，と見なすよう教えることで，すべての子どもたちのやる気を刺激する努力をすることを主張している。

　また，岩井 (2002) は『勇気づけの心理学』で，勇気づけとは，①リスクを引き受け他者と協力できる能力を与えること，②困難を克服する努力を育てること，とまとめている。つまり，勇気づけを行うことで，子どもたちに困難に立ち向かう自信を与えることができる。学童期の集団においても，勇気をくじかれた子どもは建設的な行動をやめ，さらには非建設的，破壊的な行動をとるようになる。そして不適切な行動を繰り返し，周囲はそれに反応し，それを求めてさらに非建設的な行動を繰り返す悪循環が不健康なクラスをつくり出す。この悪循環を克服するためには勇気くじきをなくし，勇気づけを行うことが必要である。

また，ネルセン（J. Nelsen）らは『クラス会議で子どもが変わる　アドラー心理学でポジティブ学級づくり』（2001）で，尊敬せず勇気をくじく，大人たちが用いる5つの一般的な行動をバリア（非建設的），尊敬し勇気づける5つの行動をビルダー（建設的）として表3-2のように整理している。

大人がこれらの5つのバリアを用いて子どもへ接することは，子どもの成長を妨げ勇気をくじくことになる。これらの行動を5つのビルダーへと切り替えることで勇気を与え，子どもを力づけることになる。

表3-2　クラスづくりでの建設的なやり方と非建設的なやり方の対比（ネルセンら2001をもとに作成）

バリア	ビルダー
○決めつけること 生徒たちが考えたり感じたりしていることは聞かなくてもわかると決めつける。生徒たちの個性的なものの見方や可能性の発見を妨げている。	○確かめること 生徒が実際に考えたり感じたりしていることを確認するよう教師は努力する。決めつける代わりに確かめると，生徒たちが自分たちに関わる問題や課題を扱う能力を成熟させつつあることに気づくことができる。
○救い出すこと／説明すること 生徒が経験から自ら学ぶより何かをしてあげるほうが，生徒に自分自身で意味を発見させるより説明してあげるほうが，援助的だと考える。	○問いかけること 「寒いから上着を忘れないように」ではなく，「外へ出る前に考える必要があることは何ですか」と問いかけること。教師と生徒が経験を通して自分や他者，それに状況を理解することだけではなく，選択肢があることを学ぶためにお互いに助け合うことを可能にする。
○指示すること 指示をすることは依存を強め，自発性と協力を排除し，受動的・行動的な行動を促している。	○誘うこと／勇気づけること 生徒が自己指示的になることを援助できるようなプランや問題解決行動を教師が生徒たちに用意する。指示することは消極的または積極的な抵抗や反抗を招き，誘うことは協力を勇気づける。
○期待すること 教師が高い期待をもち，その可能性を信じることは重要なことである。しかし，可能性を基準として達していないと判定することは勇気くじきとなる。	○賞賛すること 生徒たちの可能性や成長の方向に向かったどんな動きに対してもすぐに称賛すると，それは勇気づけていることになる。
○大人中心主義 子どもは成熟した大人ではないということを忘れ，大人と同じように考えたりふるまったりすることを子どもたちに期待すると大人中心主義になる。	○尊敬すること 物事の受け取り方は人によって違っているということを理解し合えるような交流を促す。この理解は成長と効果的なコミュニケーションを促す需要の風土をつくり出す。

ここで注意することは勇気づけと褒めることは違うということである。褒められることで適切な行動をすることはあるが，それは褒められる喜びであって適切な行動をする喜びではない。単に褒めるだけでは，その子は褒められなければしない，自分の利害にしか関心がなくなる，褒められることが当然であると考えることにつながる。勇気づけを行うことで，他者に貢献できたことに満足する，達成を純粋に喜ぶなどの気持ちをもてるようになる。褒めるのではなく，勇気づけを行う際には次の観点が必要となる。

(2) 勇気づけの観点
①ありのままを認める。

　何かができたから褒める，何かを達成したから褒めることは5つのバリアの「期待すること」にあるように基準を超えることを求めることとなる。ありのままの姿を言葉にする，感情に共感することが大切である。

②信頼を示す。

　教師の肯定的な期待は言葉や態度に表れる。非建設的な行動をしたり，失敗したりした子どもに対しても信頼していることを本気で伝えることで，勇気づけにより子どもの自己肯定感を高めることとなる。

③長所に注目する。

　褒めることは「よくできました」という縦の関係から出る言葉である。**縦の関係**ではなく，横の対等な関係で尊敬を示すことも勇気づけである。相手の良いところに対して素直な尊敬の感情を伝えることが勇気づけとなる。

④貢献に感謝する。

　感謝するという行為も縦の関係ではなく，**横の関係**となっている。感謝することで子どもが「他者に貢献することは嬉しい」，「この集団に貢献することで自分の居場所がある」と感じ，自己肯定感を高めることでより良い集団となっていく。集団の活動に協力してくれたとき，依頼を受け入れてくれたとき，他者を助けていたときに教師から感謝の気持ちを表すことが勇気づけとなる。

⑤積極的な姿勢を喜ぶ。

　アサーション[3]の手法として**アイメッセージ**（I message）と**ユーメッセージ**（You message）というものがある。アイメッセージとは，「あなたにこうして

ほしい」「あなたはこうだ」とあなた（ユー）を主語にして主張するのではなく，「私はこう感じている」「私はこう思う」と伝えることで上手に自分の考えを伝えるという考え方である。勇気づけの場合も，ユーメッセージではなく，アイメッセージが必要である。「あなたはこれをしていてすごい」と褒めるのではなく，「私はこれをしてくれて嬉しい」と伝えることで縦の関係ではなく横の関係をつくることができる。子どもがどうだということを判断するのでなく，教師がどう感じたかを伝えることが大切となる。ここで注意が必要なことは成果について使うと，褒めることと同じ意味になってしまう。過程や努力に注目することである。

⑥失敗の今後を一緒に考える。

子どもが失敗し，自信や意欲を失っているときほど勇気づけが必要である。失敗に対しては，叱って勇気をくじくことはせず一緒に対応を考え，実行するよう援助する。対応ができた後は今後の予防策を一緒に考える。そして，集団に対してどう感情を伝えるかを一緒に考える。失敗した本人に問いかけ，本人が自力で考え，対応できるように常に勇気づけていくことが大切である。

2. 学童期の課題と保護者の役割

[1] エリクソンによる学童期の課題—勤勉性 対 劣等感—

勤勉という日本語は，真面目に物事に取り組む個人の様子を表すが，エリクソンのいう勤勉性には個人と社会とのかかわり方が強調されている。勤勉に人を殺すことは許されない。自らを幸せにし，周囲の人々をも幸福にする形で機能するものである。それは生まれてから育まれてきた信頼感や自律感や積極性を伴った「人とのつながりを深める方向での**賢さの発達**」（村井 1987）を目標にした勤勉性なのである。学童期において，この勤勉性を身につけさせる最大の援助者は教師である。反面それを阻害するのも教師である。野田・萩（2002）はクラスをよみがえらせるために教師が注意したい5つの病気を指摘した。教師のみならず私たちも日頃の生活の中で気をつけたいことでもある。

3）アサーション（assertion）とは上手な自己主張で，自分と相手を大切にする表現技法の1つである。より良い人間関係づくりに必要なスキルとされる。

(1) 完ぺき病

　人間にとってもっとも大切な勇気は「不完全であること」を受け入れる勇気である。「私は自分が完ぺきであるときだけ，自分のことが好きだ」と考えている人は，失敗を恐れて，挑戦しなくなる。もし教師が，子どもたちが失敗することを許さず，失敗すると罰したり辱めたりしているならば，子どもから「失敗する勇気」を奪うことになる。その子は失敗を恐れて挑戦しなくなる。世の中には「完ぺきな教師」などいない。教師自身がまず，自分が不完全であることを受け入れるだけの勇気をもつこと。

(2) 反省病

　子どもが不適切な行動をすると，多くの教師はまるで条件反射のように「反省しなさい」と迫るがそれは一般にあまり役に立たない。反省は不適切な行動パターンから脱却するための助けにはならないことが多い。反省した上で不適切な行動を繰り返してしまうと，子どもは自己嫌悪に陥り，自暴自棄になってしまう。成功も失敗も，過去は過去，もう過ぎ去っていまさらどうしようもない。過ぎ去ったことに必要以上にとらわれていると現在と未来が見えなくなる。問題は「今何をすればいいか」だけ。不適切な行動パターンからの脱却はそれが起こる状況で今までやっていた行動の代わりにどのような行動をすればよいのかをはっきりと知り，練習して身につけていかなければならない。そのためにはまず教師自身が「反省病」から抜けださねばならない。反省すればするほど自分が嫌いになる。また反省すればなんだか仕事が終わったかのように誤解してしまう。そして「今何をすればいいか」から目をそらしてしまう。

(3) 計画病

　「計画を立てろ」も教師の好きな言葉である。確かに成果をあげるために，計画を立てることは大切である。しかし，計画をこなしていくだけの人生にはなんの感動もない。計画というのはただの空想。人生はジャングル探検のようなもの。次の瞬間何が起きるかわからないものである。だからこそ生きてみるに値する。いつ何が起こるか予想できるような人生は臆病者の人生である。「子どもたちに計画を立てさせなかったら，彼らは何もしなくなる」というかも

れないが，それは「子どもを基本的に信頼していない」ということである。それでは子どもたちは何もしなくなる。子どもを信頼することがどんなに大切かを心底知ってないといけない。「無計画の計画」もありうる。人生の醍醐味を味わうために必要なのである。

(4) 努力病

「がんばれ」「やればできるね」「次はがんばるんだよ」という意味の言葉は一般に勇気をくじく。子どもはそのような言葉を負担に感じてかえって意欲を失う。だいたい学習というものはがんばって歯を食いしばってするものではない。子どもたちを勉強嫌いにするのは「勉強は苦しいものだ」と決めてかかっている教師である。教師自身が学ぶことの楽しみを見失っていることを警戒したい。もし教師が学ぶことの楽しみを知っていて，いつもそれに夢中になっているならば，子どもたちは学ぶことを努力とは感じない。努力と感じないで自然と学習にエネルギーをつぎ込むようになるはずである。そのとき，子どもの**賢さの発達**が実現しているのである。

(5) 習慣化病

挨拶の習慣や勉強の習慣をつけようという。しかし，例えばただの習慣として頭をさげることを「挨拶」と呼んでいいのだろうか。挨拶とは相手への敬意や親愛の情を心から表現するためのコミュニケーションの方法である。子どもがちゃんとした挨拶を知っていればそれでいいのである。必要性を感じたときにできればいい。

問題は「することが可能かどうか」であって，「現在しているかどうか」ではない。例えば水泳や外国語など，練習しないと実行できない種類の行動がある。しかしそれもおおかたの行動はやり方さえわかっていれば必要を感じたときにやれるものである。練習して習慣化しておかなくてもいいものである。もし子どもが教師に向かって挨拶しないとしたらそれは挨拶をしたくないからである。すなわち挨拶をしたいと思うほどには教師に対して敬愛や親愛の情をいだいてないのである。「挨拶の習慣」がついていないことが問題ではなく，教師がそれほど魅力的な存在ではないことが問題なのである。「勉強の習慣」というのも

怪しい。子どもは自分が好きなことなら「習慣化」しなくても実行する。勉強しないのは習慣化していないからではなく，勉強が楽しくないからである。

[2] 子どもの欲求を活かし，勤勉性を高める

　子どもの詩がある。「かなしいことを　聞いてもらった時は　カチカチだった心がとろけていくような感じがする」(沢崎 2006)。私たちは話を聞いてもらうとき幸せを感じる。「先生，あのね」という子どもには以下の欲求があるようだ。
　①聴き手を求める欲求。（話を聴いてもらいたい）
　②打ち明けたいという欲求。（告白したい）
　③理解してもらいたいという欲求。（わかってほしい）
　④成長したいという欲求。（変わりたい）
　以上の4つの欲求を満たすためには話を受ける側の「**聴く**」という態度と姿勢が大切である。「相手が心を開いて安心して話してくれる」，そういう状態を目指した「聴き方」のスキルを大人も子どもも身につけたい。健康な心（平和と文化と郷土を愛する子ども）を育てたい。競争的でなく協力的，非暴力を旨とし生命（いのち）と平和を愛する子どもである。それは「聴く」を中核とした「**対話**」から生まれる。育児は「**育耳**」といってよいほど「聴く態度を育てること」なのである。それには育てる側自身の耳も育てなければならない。

[3] 聴く力を育て，勤勉性を伸ばす対話
　　―リスニングの心得，人との関わりの基本原則―

　①今，ここでの感情を聴くことが大切であって，過去や未来のことは問わないこと。
　②相手の話をあなどらずにキチンとしみとおるように聴くこと。批判や自分の価値観はとりあえず，隅に置く（あるがままの受容。相手の話していることのすべてを信じ聴く）。
　③相手の話に不明確さを感じたら確認の質問をする。聞くのをためらっているとかえって信頼関係が結べない。例：「何々という言葉がよくわからないのだけど」

④相手のかかえている問題はその人自身が解決する問題であり，その力があることを信じること。勇気づけること。

⑤相手の自尊心を大切にすること。柔らかな心・柔軟な心をもつこと（どうでもいいことは，どうでもいいことである。自分のこだわり，「べき」に気づいておくこと）。

⑥「褒める」と「認める」の違い。見くびらず，買いかぶらず，その中間をいく。

脳の本能は「違いを認めて（相手を尊敬して）共に生きる」という生きかたをしているときに最高の能力を発揮できる。そのためにも相手の話を聴かねばならないし，そのスキルを身につける必要がある。

やってみよう！　子どもとの関わり方のセルフチェック

子どもの成長は大人の関わり方で促進される。自分が親になったつもりで以下の質問に答えてみよう。「ハイ」と思われるものは✓を付けてみよう。「ハイ」の場合は今のままでOK。「イイエ」のところは，子育て観の見直しを図ってみよう。1回のチェックで終わらずに時々点検するのが望ましい。

わが子を生き生きさせる関わり　チェックリスト30（富田1997を一部改変）
1□ あなたは家族の一人ひとりに支えられていると思いますか。
2□ 父親も子育ての当事者であるという自覚をもっていますか。
3□ 子どもは「地域の宝」だと思いますか。
4□ いかなる子であれ，ありのままを受けとめ，その成長を願っていますか。
5□「うちがいいな」と子どもが言える環境づくりをしていますか。
6□ 気持ちを話せない子に，ゆっくりと対応していますか。
7□ あなたは「…しなさい，早く」「だめ，いけません」などの絶対表現を使わないよう努力していますか。
8□ 子どもの要望に対してすぐ結論を出さないように努力していますか。
9□ あなたは子どもの状況を察して，弱音を吐かせてあげるように努力していますか。
10□ 子どもの成長に月1回は関心を寄せていますか。
11□ 子どもの意欲を引き出す工夫を月1回はしていますか。
12□ 子どもの悲しみを否定しないで共有できますか。

13 □ 子どもが話しかけてきたとき，結論がわかっていてもゆっくり聞いていますか。
14 □ あなたは抱っこやおんぶについて子どもとのなつかしい想い出がありますか。
15 □ 自分の子どもから愛されていると思えますか。
16 □ 子どもの片言のメッセージに真正面から向きあったことはありますか。
17 □ 子どもの遊びにあなたもたまには付きあいましたか。
18 □ 子どもにとって話しやすい存在になることに努めていますか。
19 □ あなたは子どものヘアスタイル，服装を気にかけてあげていますか。
20 □ あなたの家はあなたにとって，なごやかでくつろげますか。
21 □ 最近，子どもと体と体のふれあいをしましたか。
22 □ 子どもとふざけあうことに緊張しませんか。
23 □ 甘えてくる（弱音）わが子の気持ちを受け入れられますか。
24 □ 子どもからの質問に忙しくても付きあう努力をしていますか。
25 □ 子どもの「自分からやろうとする気持ち」を大切にして待てますか。
26 □ 食事ではその場の雰囲気も大切だと思いますか。
27 □ 食卓の座り方などをときどき変えたりしていますか。
28 □ 基本的にあなたは，あたたかな言葉づかいをしていますか。
29 □ あなたは地域の子どもの名前（子どもの幼なじみの子）を言えますか。
30 □ 子どもとのコミュニケーションを「意識的」につくっていますか。

3. 学校でできること―幼稚園・保育園でも大切なこと

　少子化，虐待，少年犯罪。こんなときだからこそ「そもそも子どもには何が必要なのだろう？」「子どものいる場所ってなんだろう？」といった課題についてじっくり考えたい。この節では「食」「人間関係」「生活習慣」に共通して基底になるものを考えてみよう。ここでは「生きる基本のスキル（技能）」と「楽しさ」「誇り」を選んで子どもを幸福にする教育環境を考えてみたい。

[1] 動物の基本のスキル―「食べる」「寝る」「我を忘れる」「動く」
(1) 「食べる」
　食は生きるエネルギーのもと。「しっかり食べられる子ども」に育てたい。保護者は「朝食はきちんととる方がいい」とわかっているけれど実行できなくていらだっているかもしれない。教師にできることは子どもの「前進しているありのままの様子」を丁寧に保護者に知らせ続けることである。

忙しい保護者には「お母さん，今日は嫌いなにんじんを3つも食べましたよ」などと家庭との連絡帳に記入するか，直接会う機会があれば，はっきりした声，ゆったりした間で対話するのがよいだろう。とにかく安心させて保護者の日常的ないらだちや無力感をやわらげることが良い教育実現の近道となる。急がば回れである。

子どもの給食指導は，あせらずに。食べた食べないよりも「どうやったら自信がつくのか」「仲間と食べると楽しくて，おいしいという経験の積み重ね」という視点で関わりたい。

(2) 「寝る」

とにかく，「早寝運動」を保護者にいかに意識させるか。どうやったら子どもが早く床に着けるか，それぞれの家庭の事情を踏まえて，できることを探し出す。早寝に対する親の意欲を引き出す工夫をする。知恵を出し合う対話。良い方法が必ずある。「寝る子は育つ」「自分で起きるが自立の一歩」保護者にこの考えを啓発したい。実行のヒントは「早起き」である。早く起きれば早く寝るようになる。「早寝・早起き」ではなく，「早起き・早寝」の励行がコツである。

(3) 「我を忘れる」

教育者モンテッソーリ（M. Montessori）の偉大な発見は「集中現象」。私たちは「物そのものになったとき」にすごい集中力を発揮して「自分そのもの」になる。そしてこの「我を忘れた」ときに，子どもは自発的に「育つ」のである。子どもの「集中して行動できる環境」をどうつくるかがポイントである。

(4) 「動く」

私たちは「動物」，すなわち動くものである。動物の世界では，動けなくなることは「死」を意味する。生きる力の基本は「動く力」である。子どもは「遊び」の中で自然に動く力を獲得，達成していく。子どもの1日の"時間と空間と仲間"を「動き」という視点から観察，計画したい。

[2]「楽しさ」

近年，運動・スポーツ，身体活動の領域において**メンタルヘルス**（心の健康）変容や長期にわたる幸福感を導く心理的要因として，**エンジョイメント**（enjoyment）が重要な概念として扱われている。西田ら（2005）は1週間から10日間までの組織キャンプ・プログラムに参加した児童202名を調査してメンタルヘルス変容における最大の心理的要因がエンジョイメントであることを明らかにしている。事実の記憶はあいまいになるが，「楽しかった・面白かった」という喜びの感情の記憶は生き生きと残り，生きる意欲の原資（元手）となる。

豊かな教育を，「子どもの心が幸せになる教育」ととらえると，こころに影響を与える心理的要因のうちもっとも重要なものの筆頭は「エンジョイメント」である。「楽しい・面白い」という歓喜につながる感情が，子どもの心を拡げ深めるのである。

教育に関わる者は，「楽しい・面白い」といえる場面を実現させるにはどのような教育環境を整備すればよいかにとくに心をくばりたいものである。

[3]「誇り」

今世紀の認知的研究の巨星であるピアジェは知能の発達には子どもの内的な構成の自由さの保証が大事であると主張した。知的自律の尊厳といえる。私たちが気をつけたいのは，子どもの教育はこの自律の芽を摘んだり歪めたりする危険性を常にもつという点である。医療や看護や介護の領域も同じである。人間を相手とする仕事に従事する者には，すでにある種の権力が備わっているという自覚が必要である。教育はある種の権威（権力）をもって子どもたちに接する側面がある。これを誤用すると皮肉にも教育そのものが権力のうまみを子どもたちに教え込み権威主義的人格を育てる場合がある（中島1991）。社会の変化が激しく情報があふれる時代だからこそ自律的に思考し行動する力が求められる。不当な外的な力に屈しないためには「必要な犠牲が生じることを決意して，その不快感を耐え続ける力」が必要である。このベースになるのが**自尊感情**（self-esteem）である。その一連の過程の定着した心的状態を「誇り」と呼びたい。

この「誇り」がこの一連のシステムの中で調和的に育つために不可欠な活動が「学習と遊び」と「基本的な生活習慣の繰り返し」である。子どもは現実ではとうてい直面できない事態を遊びの中で再現して，何回も繰り返して状況を調節してゆく。また毎日繰り返される学校生活の中で，失敗や挫折を感じながら何度もやりなおすのである。そして受動的にしか受け止められなかった現実を能動的に調節できるようになる。つまり**「しなやかな強さ」**を獲得してゆくのである。「誇り」はストレスや逆境に対応する重要な因子とされる**レジリエンス**（resilience：精神的回復力）につながる大切な心の底力なのである。

　以上，ヒトとしての子どもが健康に育つポイントを見てきた。人間社会で常に問題となる「個と全体を考える」とは，「小さなことを大切にすること」である。イノチは小さなことで成り立っている。大きな問題は議論するには面白いけれど，常に観念の中にしかない。もしイノチが小さなことでできているとしたら，小さなことは小さくはない。筆者は無意識は常に意識よりも賢いと考えている。本能的に賢い。だから無意識は小さなことにこだわるのである。生きることが小さなことであれば，小さなことにイノチが宿っている。私たちは生活における小さなことを大事にしたいし，小さな子どもを大切にあつかいたいのである。それが全体（大きなこと）を良くする近道であり王道なのである。

4章　思春期

　「**思春期**」という言葉を聞くと少し不安になる。躍動的で生き生きとする季節「春」。それを「思う時期」と名付けられたこの時期は、こころの育ちからみてもよいことばかりではない複雑な時期でもある。年齢的にはどれくらいを指すのだろうか。ある教師は「小学校5年生の2学期から中学校2年生の2学期まで」と経験上話していた。筆者は小学校高学年から10代終わりまでを思春期と呼んでもよいと思っている。いずれにしろ個人差の大きい現象であるから年齢はあくまでも一つの目安に過ぎない。

1. 思春期の特徴とその対応

[1] 第二自立期

　思春期は第二自立期で、親と子の信頼関係が確認されるときである（第一自律期は2～4歳ごろである）。そしてこの時期、子どもが求めるのは信頼という名の「ふれあい」と「自尊心」である。自立に向かう危うい橋を必死にバランスを取りながら歩むのが思春期とされる。子どもに必要なのは、おしつけや説教調でなく自然な形での励まし（**勇気づけ**）である。自立した大人になるとは、働くということよりも、人間としての人間との関係をとれるようになることではないだろうか。そして生きることに価値と意味を見出したときである。このためには人とふれあい、関わりあう、人間関係の力と自己信頼感（**健康な自己愛**）が改めて問われ、必要となってくる。それを援助するためには子どもが大人になる道筋を人間関係の発達（表 4-1）から理解しておく必要がある。

表 4-1 こころの発達段階に沿った人間関係の発達（吉田 1994）

①一者関係	自我-自己関係（自分自身との関係）
②共生的二者関係	自他区分できない母と子の関係
③身内の三者関係	父をはじめとしてやがて家族内に拡がる関係
④仲間の三者関係	思春期以前の同等同質のメダカたちの関係
⑤親友的二者関係	自他区分ができる，母以外の他者との二者的関係
⑥三者関係	他者を一人の異質な人間として認知する思春期の仲間関係
⑦四者関係	はじめは見知らぬ他者にすぎぬが，やがて人間として認知する関係

[2] 群（仲間）を求める感情——求群感情

仲間とともにありたいという求群感情（吉田 1994）のベースには，人がもつ**同等感**と**異質感**があると考えられる。人はまず同じ仲間である（みなメダカである）という同等の感情（同等感）に支えられ，その中に生きて満足と安心を得る。幼児期と学童前期はまさにその時期である。そしてその同等感が次第に「同等，異質感」（同等であるが異質である，さらに異質であるがゆえに同等——比べられない点からみてそれぞれが同等——コイやフナがいる）へと成長する。健康な思春期はこの過程を歩む。ところがあまりに早期な個性や学力偏重の考え方はメダカの同等感を育てることができない。また一方で，紋切り型の個性を無視した集団管理は異質感の形成を抑圧する。過剰な学力（単一価値）偏重と勝者礼賛と厳格な管理主義によって，同等感と異質感がバランスよく育たずに，同等感から異質感へ，さらには平等感へと向かう心の発達が阻害されている現状があるのではないだろうか。昔からいわれる「付和雷同」でなく「和して同ぜず」を重んじる文化はこの点を指摘したものである。

[3] 自立に向かう，真の平等観の確立のために——引きこもりを防ぐ

学童期に人は「同等であること」を十分に体験してそれをベースにして，思春期に「同等ではあるが同質でなく異質であること」を体得することが望まれる。この過程を経て初めて真の平等観に達する。誤った安易な平等観はこのプロセスをとばした画一化や無個性化から生まれる。そのための常に基本となる大人の基本姿勢，つまり幼児期，学童期，思春期，青年期の全過程を通じての大人の基本姿勢は以下のようであると考えられる。筆者の経験した引きこもり

の事例では両親が「そんな考え方もあるんだね」を口癖にしただけで関係が劇的に改善したことがあった。大人側の対応の心構えが重要である。

①相手（子ども）を**尊敬・信頼**すること。
②**共感**すること。
③**寛容**であること。

富田（1992）による引きこもりの子どもを追い込まない関わりは以下のようである。

①子どもの話に耳を傾けて聴く。

子どもの話に十分聴き入るということである。励ますよりも子どもの存在を評価して、子どもが自らを肯定的にとらえて夢（希望）を語れる心境にする。我を忘れて聴き惚れる。

②達成感を与える。

どんな小さなことでも達成感を与える。なるべく達成を細切れにして区切って示し、評価していく。その素晴らしさを評価し「そういう人間に私もなりたい」と支持する。

③関心を示す。

子どもの考え方や行動を「ユニーク」としてとらえ、関心を示すこと。すべてに関心をもつことによって人間関係に足踏みしている子どもの可能性を呼び起こすことができる。

④見捨てない。

孤立無援感、見捨てられ感をもたせないこと。子どもは家族の接し方で本心をチェックする。「甘えるな」「気のせいだ」「現実を考えろ」「わがまま」「逃げている」「心が弱い」「性格を変えろ」「根性を入れかえてこい」などの言葉を投げかけない。

⑤不安の先取り。

時には子どもの不安な気持ちを先取りし、「心配ない」とか「大丈夫」と言ってあげる。「とりあえず」という言い方も安心感を与える。不安の先取りは支えとなる。

⑥親以外の依存の対象者をもつ。

家族以外の他人で依存の対象になってくれる人をもつこと。引きこもってき

た子どもは親以外の人の支援を得て「大人として」親の前に錦をかざりたいのだ。

⑦夢，希望を与える。

あまり現実検討（就職・学校）をもち出さない。「夢」を与えて希望を継続させること。プロレスラーやタレントになる，などと言いだしたら引きこもりからの旅立ちの一歩である。この期間が長いほど「生きるエネルギー」は蓄えられる。

⑧病気ではないという認識をもつ。

「病気」にしないこと。薬のみでは傷ついたこころは治らない。こころの傷は，人の温かさ，人間関係によるこころの交流でしか，癒すことはできない。大切なのは病気である，ないではなく，まずは目の前の子どもをありのままにみることができるかということである。

[4] 言葉の力で子どもは育つ，言葉の力を信じる

こころのトラブルを防ぎ，こころの健康を保つのにもっとも安上がりで効果のある方法は人との「**対話**」である。親身に聞いてもらうだけで元気になった経験はないだろうか。建物や設備の充実も大事ではある。しかし学校というヒューマンサービスシステムの構成員は「生き物」であるから，それに関わる人の生き様や，アイデンティティ，つまり全存在がその生き物との関係性に大きく影響する。「最大の教育環境は教師自身である」とさえいわれる。したがって，子どもと関わる人に求められるヒューマンセンスの一つは「安心させること」と「対話の技術」であり，かつ両者を融合させる力である。対話（コミュニケーション）の原点は「肯定的な気持ちや感情を二者間で共有，分かち合うこと」である。教育現場の中学生との日々の格闘から紡ぎだした中学校教師，八ッ塚（1990）の以下の言葉にはヒューマンセンスがあふれている。

①説明すべきことは，きちんと説明し，不安は放置せず，必ずときほぐす。

②道理にかなう話をする。「指導」とは限らない「説得」と「語りかけ」。

③見くびったりバカにしたりしない。

④時には寄り添って自動車学校の教官のようにブレーキを踏む。そして自分でブレーキを踏むように励ます。生徒は無菌の温室に生きてない。雑菌，病原

菌のあふれる中で生活しているからである。つまり，夜遊びに誘う子，浪費の誘惑，暴力の魅力，万引きの強制，飲酒に誘う子，学校をさぼろうという声に感染しやすい。

⑤いじめを見逃さない。下記のようなときはいじめている子どもを見つけ，本気で叱る迫力を身につける。

・こころが傷つけられている。
・人間としての名誉が損なわれている。
・弱い存在として踏みつけにされている。
・生き方に対して，不当に介入されている。

絶対に上記のような場面を見逃さない。ひどい結末になるのは，

・このような場面の見逃し，見逃しに次ぐ見逃し。
・事の重大性を考えない，軽くて浅い認識。
・しばらく様子を見る，などといって逃げる。
・子ども集団のエスカレート性の軽視。

⑥トラブルを大事にする。同時に事が起こってない日々を大切にする。いったん事が起こり雨が降っても，地を固める作業に力を注ぐ。トラブルをこころの肥やしにしてしまう知恵。具体的には，

・マイナス要因をプラス要因に転化してしまう。
・自分の中にある「美しさ」や「みにくさ」に気づかせる。
・身の周りに必ず起こるトラブルに対処する態度や方法を身につける。

「人間として認めてくれているか，いないか」「手抜きせず全力でぶつかってくれているか，いないか」この視点で人間を見ているのが思春期の子どもたちである。これにどう応えたらよいかがこの時期の大人たちに問われている。

2. 適応の困難さと向きあう

[1] 子ども集団を指導するときの心構え

例えば，経験豊富な教師がクラスを担当しても学級崩壊は充分にありうることである。子どもたちがいかにして協力原理を学び損なうか，その過程を知っておく方がよい。野田・萩（2002）らは以下のような段階でクラスの人間関係

は悪化していくとした。つまり協力原理を学び損なうのである。前のクラスの持ち越しがあるので，新学期の出発点から③や④を使う子どももいる。

①賞賛を求める。

教師の期待に応えようと積極的に「いい子」を演じて行動する。賞賛されると「落ちこぼれ」に優越感を抱く。「自分さえ褒められれば，他人なんかどうなってもよい」という利己主義者になる。「褒める人」がいなくなると「いい子」をやめる。したがってむやみに褒めることは教育上好ましくないこともある。褒めずに子どもの貢献を教師が「感謝し喜ぶ」のがポイント。

②注目を引く。

「先生から褒めてもらえないなら他の方法で目立とう」と不適切な行動を開始する。中にはいきなり①をとばしてここから始める子どももいる。ひょうきんにふざけたり教師の話に水をさしたり，教師独占のための質問を続けたりいたずらをする。限界をよく心得ており教師を怒らせない程度にとどめている。クラスの人気とりに利用される教師。その子の挑発に乗らずに（適切にさばいて），目立たない子に注目激励をする。

③権力闘争。教師に勝とう。少なくとも負けないでいよう。

「先生を含めた誰よりも強いことを示してクラスの尊敬を集めよう」作戦。口答え。禁止されたことをあえてやる。誰が見ても問題児。教師が注意すればするほどいっそうひどく不適切な行動を繰り返す。多くの教師は腹を立て「いったい誰がこのクラスのボスなのかはっきりさせてやる」と考える。そして子どもの思う壺にはまる。直接対決しないで「君が問題児でなくてもクラスの仲間も私も君をクラスに受け容れるよ」ということをどう伝えるかがポイント。

④復讐。相手にダメージを与えよう。

「勝てないのなら，せめて復讐をしてやろう」。この子の不憫さは自分を傷つけ自分の人生をダメにすることで教師に復讐しようとすること。期待を裏切ることで傷つけようとする。ただ「イヤだ」と言うだけで他に何もしようとしない。積極的なタイプは「やかましい」「放っておいてくれ」「べつに」「知らん」などと乱暴でとりつく島もない。教師をとてもいやな気持ちにさせる。弱いものいじめやクラスメートを傷つけたりするのでみんなから「憎まれ者」になる。消極的なタイプは無表情で陰気でとてもひねくれていて挑戦的。睨み返したり

むっつり，ぎょっとすることを言ったり，人のこころを暗くさせる。登校して集団の所属を復讐の手段に使う。社会全体を敵にまわして犯罪者になることもある。教師一人の力では援助は難しい。同僚や専門家の協力をあおぐ。
　⑤無能力の誇示。見捨ててもらおう。
　クラスの中に居場所がどう努力してもなかった。子どもは絶望してしまう。一切の積極的行動をやめてしまう。まるで知的に遅れているかのようにふるまうし自分でもそう思い込むことがある。期待すればますます無能力になる。「見込みなし」と言われたい。この段階での援助は専門家でも大変といわれる。「ぼくはだめな子だからどうか見捨ててください」という作戦を展開している。引きこもりはこの段階といえる。

　ここで大切なのは，子どもの行動の「**目的**」は何かに常に指導者は気をつけていなければならないということである。それを可能にするには「**聴く**」という対話の基本を忘れないことなのである。

[2] 相談をもちかけられた場合の聴き方のコツ

　保護者から「子どものことで困っています」と相談をもちかけられたら次のようなことに留意したい。
　①まず「ここで聞いてよろしいですか？」と話を聴く場所への配慮をすること。「あの先生は私の話を"立ち話で聞いた"」と後からトラブルになった事例もある。場所が定まったら，次に「問題の全体像を把握する」ように心掛ける。
　「では，お困りのことをお話ししてくださいますか」
　「どんな点がうまくいかないのでしょうか」
　「その他，お困りのことはありませんか」と十分に時間をかけて聴く。
　②問題の整理をする。多くの問題があがる。それを整理して優先順位をつける。
　「これまでお話しされたいろいろな問題の中で，どの問題が一番重要だと思いますか？」
　「これが解消されれば，他の悩みにも良い影響があるというのはどれでしょうか」

③問題を具体的に理解する。「何となく不安」をできるだけ具体的に聴きとる。
- 問題の感情面。
「そのときお母さんはどんな気持ちがしますか」
- 問題の行動面。具体的に言えないということがある。
「お姑さんとうまくいかないというのは具体的にどういうことなのでしょうか」
- 問題の認知面。
「お母さんはそのとき，頭の中にどんなイメージを浮かべていますか」
「この問題について，必ずこうしなければならないと思っていることがありますか」
- 問題の状況要因。その問題と関わる場所，時間，人物はあるのかを明らかにする。
「この問題が初めて起きたのはどんな場面でしたか」
「起きる時間についての気づきは」
「この問題にとくに関係していると思われるのは誰ですか」

⑤問題の先行条件・残像効果
「問題が起きる前（後）にあなたはどんな感情状態になりますか」

人はしっかりとした人からじっくりと話を聴いてもらうだけで元気を取り戻し，問題に立ち向かおうとする気概と勇気を回復することができる。

[3] 子どもの親（保護者）を勇気づける，危機介入のコツ

保護者から信頼されている教師には以下のような共通した特徴が見られる（小林 2013）。

(1) 親のもつ活力を活発化させ引き出す

①保護者の努力とそれまでの苦労を十分にくみ取り認める。
まずは「保護者寄りの立場に立つ」ことを心がけたい。ご近所の人や友人であったら，どのように向きあうのかを考えてみる。それでなくても相談するだ

けで相手は弱みを見せていると感じるものである。普通に話しても上から目線ととられる。それくらい覚悟した方がよい。心理的に横並びに座ることがポイントである。保護者が苦労している部分をしっかりとつかみ，そのことを認めることから良好な関係が育まれる。

　②子どもの好ましい側面をしっかりと把握し，伝えるようにする。

　家庭への連絡や家庭訪問，懇談会の際など，機会ある度に「子どもを褒める」こと。褒めることがないときでも「私は子どもたちが大好きなんです」と恥ずかしがらずに公言する形をとること。あるいは子どもの行動を良い意味の言葉に置き換える。「私，やんちゃな子や手を焼く子どもは大好きなんです。元気が一番ですから」。「いい加減」は「前進の精神と開拓魂」。「慎重，優柔不断」は「思慮深い」。「神経質」は「繊細」。「融通が利かない，頑固」は「意志が強い」。すべての言い回しを普段から肯定的にする習慣をつける。

　③原家族との関係を日頃から整理し洞察しておく。

　相談を受ける自分自身がどのような家庭の中で育ったのかを，時間のあるときに一度しっかりと吟味し考慮しておくことが必要である。人は自分の家族環境しか体験していないし，それ以外の家庭を経験していない。自分の育った家族を原家族という。この影響は計り知れない。自分の体験したことだけをもとに「他の家族はこのように子育てをするべきだ」と考えることは危険である。そのためにも自分の原家族が自分のライフ・スタイルに与えた影響をじっくりと客観視して考えたい。

(2) 効果的な保護者面接の進め方

　①もっとも重要な問題は何かを明らかにする。そして共有する。

　悩みはたくさんあるけれど「何が主要な問題であり，どうなりたいのか（どうしたいのか）」をまず互いに確認することが何よりも重要である。それができて初めて情報の共有ができ，解決に向かう方向性を一致させられる。

　②今までの具体的な工夫を共有する。

　先ほどの①であげられた問題について，どのような工夫を学校でやってきたかを説明する。その上で保護者に「その問題に気づいて，どのような工夫をなさってきましたか？」と尋ねる。出された話にすぐにアドバイスしたくなるが，

そうしない。ここで一番重要なのは話された工夫の中で，優れているところ，努力をしてきたところをまず探し，見出すように聴くことである。よくぞそこまで考えてやってこられたと認めることである。その後，保護者の子ども理解の程度や問題の原因だと考えていることを尋ね共有する（最後の助言に生かす。その保護者の今までの延長上にあるやり方が一番無理なく実践できる）。

　③具体的な解決策を話し合う。

　目標がないと結果は評価できない。問題解決の目標を具体的に定める。この目標は「**軽薄短小**」にするのがコツである。深刻な問題や時間を要する問題には安易に取り掛からない。大きな目標に至るために，小刻みな目標を定め，その中から実現が一番簡単で短期で勝負できる目標を定める。短くて結果が出る目標，軽くて簡単な問題，小さくて当面の問題の解決に目標を限定する。最近の生活での具体的なやりとりのエピソードの中から，象徴的な場面を選んで話し合う。決めたら先方に次のように確認のセリフを話す。「これは簡単に思われますが，なかなか難しいものなのだと思いますよ」「今までのやり方，話し方とは違うわけですから……何か難しいところはありませんか？」「そのために必要な心持ちや心構えについては，どうですか？」「したいと思ってもできないことってたくさんありますよね」実行できなくても保護者の体面が十分保たれるように前もっての困難さを強調しておくことが大事である。また実際そうなのである。

　④とにかく肯定的な言い方をする。勇気と希望をもってもらえるように話す。

　これまでの保護者の関わり方を肯定し勇気づける言葉かけを心がける。聞いたなかでどのような面がよかったかを伝える。保護者に子育ての勇気と希望を与える。「お母さんは，○○をなさっていましたよね。お子さんにとっては，とても良い効果があったと思いましたよ。ぜひ，それは続けてください」や「以前にやっていたことで，○○がありましたね。良いことだと思います。それをまた始めるというのは，難しいですか？」などを伝える。また望ましくないと思った場合は，先ほどのように良い点をしっかりと評価・確認した上で「○○ということをなさっていますが，これはご苦労のわりに効果が薄い（逆効果）かもしれませんね。そうでしたら，このようにした方が良いかも……」と伝えていく。その際もそうしたくなった気持ちをしっかりと受け止め勇気を回復さ

せる必要がある。

　⑤次回の面接の機会をきちんと設ける。その後の関わり方。

　面接の終わりに「その後について，また，聞かせてください」と必ず伝え，変化がありそうな時期に連絡をとり，様子を聞き取るようにする。面接の効果の確認は自分の成長のためにも必要だからである。アドバイスの中で何かを提案したのなら必ずそれについてどのように行ったか，具体的に話してもらって確認する。その際に，好転・変化がない場合には，こちら側の責任にして謝るようにするのが対話のコツである。仮に先方が「忙しくてできなかった」場合でも謝る。「無理なお願いや提案をしてしまって，すみませんでした」「難しかったんですね。申し訳ありませんでした」と伝えるのである。子どもに好転や良い兆しが見られたら，気づいた時点で必ず連絡，報告し保護者の手柄にする。「どのようなことをなさったんですか」「すごいですね」と良くなった理由を尋ねて，保護者をねぎらい認め，子どもの問題の好転を共に喜ぶのである。教育は共育なのである。

5章　青年期

　私たちは「大人になることの難しさ」を軽く考えてはいけないようだ。大人社会に入る儀式は**通過儀礼（initiation）**と呼ばれる。近代世界の特色はこの通過儀礼が消滅したことといわれる。古代社会においては大人社会に入るのに1回の通過儀礼でよかった。それが現代では社会それ自身が進歩していくために，社会に取り残されるということが起こってくる。すると大人として認められない存在が出てくることになる。大人でも子どもでもないどっちつかずの状態が近代社会では起こりうるのである。

1. 青年期の自己の発達

[1] コフート心理学・自己愛の視点から

　子どもと大人の区別がはっきりしていた未開社会と異なり，現代社会においてはその境界は極めてあいまいとなり，青年は大人になるというイメージをもつことが困難になっているのではないだろうか。河合（2014）は近代社会の

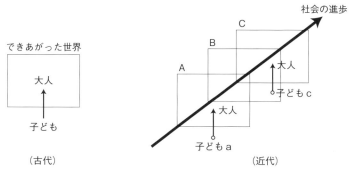

図 5-1　古代と近代の社会構造（河合 2014）

あり方が「社会の進歩」という概念をもったことで昔と違ってきたと指摘する。旧来の考え方では固定化された大人社会に通過儀礼によって参入することで大人になれるという簡単な図式だった。それが図 5-1 のように社会が進歩することで現代の青年の抱える心理的な問題が複雑になっていると考えられるのである。子ども a が A という社会の大人として入っても，社会が進歩して，社会 B へと変わってゆくと，a 自身も変化していかないかぎり，彼は子どもと同じように，社会 B から取り残される。あるいは子ども c は大人になって社会 C へと入ってゆくにしろ，既に彼は社会 B の大人たちと同じくらいのレベルに達しているということもあり得るのである。

　ここでは青年期の自己の発達について「**健康な自己愛**」という視点から見てみよう。痛ましい事件が起こった。神奈川県の障害者施設で，19 人が殺され，27 人が負傷した事件である（2016 年 7 月 26 日）。容疑者の 26 歳の男性は障害者に強い偏見や差別意識をもっていた。この容疑者だけを異常者にして安心してよいのだろうか。現代の青年期のこころの育ちに何か変化があるのだろうか。

　「キレやすい子」と呼ばれ，普段は目立たないのに突然の常軌を逸した行動に驚かされる子どもがいる。自己心理学の創始者コフート（H. Kohut）は，怒りや攻撃性は本能的なものではなく，相手が共感的な反応を示してくれなかったり，自己愛が傷つけられたり，恥をかかせられたりすることによる反応性のものであるとして，このような怒りを「**自己愛憤怒**」と呼んだ。

　この「自己愛憤怒」がいわゆる「キレた状態」であり，このような人は日常的には物静かで目立たないが，ストレスへの対応がうまくできずに，些細な出来事で傷つきやすく，相手に怒りを抱き恨みに思う。自尊心を傷つけられたという憤りは，相手に対して容赦がない。どんな方法を使っても復讐しないと気が済まないし，その残忍さ，気の収まらなさはその他の種類の攻撃性とは異なったものである。その特徴は「**不健康な自己愛**」（自己を超越した万能感）である。

　青年期に改めて問われるのは「健康な自己愛」がそれまでに形成されてきたのか——つまりコフート理論でいう自己の形成に力を貸しエネルギーを与える「**自己対象**」がうまく機能してきたか——である。そこで，健康な自己を育てる自己対象について考える。

　コフート（1971）は健康な自己愛（narcissism）が人間の主体性やその人ら

1. 青年期の自己の発達　47

図 5-2　自己対象

しさを築きあげると考え，その発達を促すものを**自己対象**（self-object）と呼んだ。自分を褒めてくれたり，理想や規範を示す人との人間関係体験を指し，人はその自己対象という基盤に依存してその中で自尊心を高めたり幸福感を感じたりするのである。自己を育てる充電装置としての「自己対象」の機能は以下の3つとされる。

①**鏡機能**（共感的に対応してくれるもの）

自分の優れた点やユニークな点をきちんと映し出し，返してくれる鏡のような体験（承認と賞賛）であり，そのあるがままを映し出すことでの肯定的体験をさせる機能である。

②**理想化機能**（理想の対象となるもの）

現実世界の困難さに負けずに理想を求めるように，人生の指針を示してくれる機能である。

③**双子機能**（仲間として支援してくれるもの）

同じように悩み，喜びを共有する仲間としての安心感を与えてくれる機能である。

この「自己対象」の概念はコフートによれば，人物そのものを指しているのではなく，あくまでも機能であり，**自己対象体験**（self-object experiences）の略である。それは自己の構造化を促し，そのような自分らしさを維持するよう

に働くすべての体験である。極端にいえば実体のないイメージだけの自己対象もありうるのである。あるいは歴史上や想像上の人物との出会いもありうるといえる。

　コフート（1984）は，この生きる力の充電装置のような働きをする自己対象は幼児期だけではなく，一生涯必要なものであると主張した。適切な自己対象体験は自己に構造的な**凝集性**（cohesion；まとまり）とエネルギーである**活力**（vigor）を賦与し，その失敗は自己の**断片化**（fragmentation；自分がバラバラでまとまりがつかない）と**空虚化**（emptiness；何をしてもやりがいや生きがいを感じない）を促進するのである（ウルフ 2001）。

　コフートの考える自己の欠陥とは，主には親子関係という対象関係のつまずきによって，体や知的機能は大人になっているのに，こころは子どものままの未熟な発達状態でいるというモデルである（和田 1999）。このコフート理論を教育モデルに応用すれば，自己対象機能の鏡（意欲）と理想（指針）と双子（仲間）の3つの観点からの関わりを強化することが健康な自己愛を育てる教育の基本的なあり方であると考えられる。

　ちなみに，コフート（1984）によれば，3つの自己対象のうち少なくとも2つがそろって重い欠陥をもったときに自己形成に重篤な障害が生じるとされている。そのため初期において，1つ目（早期の鏡映する自己対象）が十分に成功しなかった場合には，他の2つ，つまり理想化可能な自己対象もしくは分身として体験される自己対象のいずれかを強化して補償しようと試み，そのどちらかで成功すれば回復力を取り戻して最終的には自己（愛）は健康に育つとされる。子ども時代に不十分な自己対象体験しかもたない者であっても，その後の適切な自己対象体験によって自己愛は健康性を回復し，また健康であった場合にはますますそれを強化できると考えられるのである。

[2] エリクソンの同一性理論の視点から

　以上述べてきたように，コフートは「自己愛を他者愛より一段低いもの」と見なしてきた伝統的精神分析の考えを退け，「健康な自己愛の発達経路」を示した。同様に「健康な人生の発達経路」を示した精神分析的自我心理学者にエリクソン（1973）がいる。

エリクソンは，健康な自己愛の発達について，人間のライフ・サイクルの視点から8つの年代説を説いたことは第1章で述べた。それぞれの年代にふさわしい自己愛の成熟が考えられる。小此木（1981）はエリクソンの発達論をもとに健康な自己愛の特徴を以下のように整理している。
　①母親（または他者）から愛されているという自信。自分が母親（または他者）を愛することが母親からも喜ばれるという確信。良い母性的没頭を向けられるなかで育つこれらの自信や確信によって健康な自己愛の基礎は早期幼児期に獲得される。
　②それは対象（母親）の恒常性と同一性，自己自身の不変性・一貫性と同一性に対する基本的な信頼と表裏をなすものであり，エリクソンのいうアイデンティティの原型であり，源泉であるということができる。
　③健康な自己愛を身につけた人間は，それ以降の人生で様々な困難や不信を経験しても，人間に対する信頼と自己自身に対する信頼を抱き続けることができ，人間と自己に対する希望と信頼を最後まで失わない自我の強さを保ち続けることができる。
　④健康な自己愛は母親から一方的に受身的に愛される経験から生まれるものではなく，むしろ自分が母親に対して向ける身振り，態度などの愛情表現が相手を喜ばせ，相手の心を満たすという，能動的な働きかけが相手から受け入れられることの自信を意味している。この自信はエリクソンが人格の活力源と呼ぶように，その人物の愛情，仕事あるいは人生そのものを達成するための能動性の源泉になる。
　⑤この能動性は相互性への信頼に支えられている。やがて子どもは母子関係をモデルにした相互性を父，家族，近隣，学校，職場……へと社会化していく。健康な自己愛の満たし方がその生活圏の広がりによって拡大されていくのである。自己愛というより自己価値と呼ぶほうが適切かもしれないが，子どもの自己愛はより発達した社会性をもった自己愛となっていく。
　以上に見られるように，エリクソンの発達理論は心理－社会的視点をもつため，自分一人にしかわからないひそかな自己愛とは異なる，社会との関わりをより意識した「社会に是認された自己愛」の健康な発達が描かれている。またとくに母子の関わりが健康な自己愛の起源であることが強調されて，それはア

イデンティティの原型であり源泉であるとされている。

　青年期に必要な人格の活力源はもはや母ではなくなってくる。「人生の師匠（メンター）」ともいえる人や思想との出会いである。これによって青年のアイデンティティはより社会性を帯びた強固なものになっていく。小此木（1976）は青年期のクライエントを対象とする治療者自身が，過去の父母とは違った発達促進的な新しい対象になることを"new object"の概念を用いて考察している。"new object"とは父母離れを助け，父母に対抗し，自立する途上で発見される対象であって，父母よりも自分により近く，父母とはちがった親密さ，依存，同一化を共にしうる対象である。その新しい対象との出会いと交流を介して過去の古い対象（例えば父母）との間でできあがった対人関係パターンの歪みを修正することができる。コフートのいう青年期の理想化自己対象は，この"new object"が青年の内面に取り込まれたものであると考えることもできるであろう。

　以上のコフートおよびエリクソンの知見を考えあわせると，青年期は自己愛の見直し，正確にいえば自己対象の見直しによってこれまでの不十分な自己愛の修復や修正が可能な時期であり，新しい自己の誕生期にあたる重要な人生のターニングポイントなのである。

2. 現代青年のこころの病理とその回復

　従来から青年期は，評価敏感で周囲の影響を受けやすく，うぬぼれ，自意識過剰，自信喪失や反対に自信過剰など，振幅の大きい時期であるとされてきたが，近年の青少年の事件を見ると青年の自己愛の発達にさらに異変が生じてきていることが懸念される。

　医療少年院に勤務し，多くの触法少年に接してきた精神科医の岡田（2005）は，近年の，凶悪な犯罪を起こしたにしては，あまりにも動機がはっきりしない青少年に共通する特徴を以下のようにまとめている。

　①根底にある自己否定とそれをおぎなうべく肥大した幼い万能感や誇大な願望。

　②他者に対する非共感的態度，罪悪感の乏しさ，責任転嫁と自己正当化。

③現実感の乏しさや自己愛的な空想，乖離的傾向。
④性格の二面性と突発的に出現する激しい怒りや攻撃性。
⑤安心感の乏しさ。傷つきやすさや傷つきへのとらわれ。

　岡田はこれらの背景には，ありのままの自分を認めてもらえず，家庭の中で安心感が損なわれている状況があると指摘し，現実に不適応を引き起こすほどに肥大した万能感と他者に対する驕りを特徴とする一連の病理性を「**誇大自己症候群**」と名付けている。「人間的なぬくもりのある体験」が欠如して生じた，誇大な自己愛の問題を指摘したのである。

　一方，家庭や社会の中での安心感が損なわれた原因は現代を支配する**競争原理の病理**であるという指摘もある。精神科医の野田（1989）は「競争原理で生きる人はいつも自分と他者を比較して"他者は私のことをどう思うのだろうか"ということばかり気にして生きます。そのためにいらないエネルギーを費してしまって，その結果，ほんとうにしなければならないことに十分なエネルギーをまわすことができなくなってしまいます。（中略）さらに，学校ではそれ以上に強い競争原理でトレーニングされます。これは子どもたちにとってこの上もなく不幸なことです。子どもたちはその過程で生活力をみるみる失ってゆくのです。そうして，どんどん臆病になり，権力亡者になり，利己的になってゆくのです。今の子どもたちの関心の的はひたすら自分自身にだけあります」と指摘している。

　確かに野田の指摘のとおり，自分と他者を比較して自己愛を保持するという不健康な自己愛のプロセスが助長される場合，自己価値の低下におびえてますます他者の評価が気になるという「**評価過敏性**」から反動的に自分の殻に閉じこもったり，必要以上に他者の評価を切り下げ，協同的な人間関係を結べないという青年の増加が懸念される。

　以上考えてきたように，「誇大自己」や「評価過敏な自己」の形成されやすい社会や学校，家庭の状況があり，現代は不健康な自己愛が助長されやすい社会環境となっているのである。

　このような現代青年の陥りがちな病理性は，精神医学者**森田正馬**（1960）が明らかにした神経質の本態である，価値観や感情に執着し，とらわれた人間の生き方と軌を一にしていると考えられる。

森田（1960）は次のように述べている。「他と自己とを正しく比較することができず，人に対して同情することができず，ちょうど飢えたときに他人に食物を与えることができないように，自己の恐怖，苦悩のためには，まったく他をかえりみる余地がないのである。したがって患者は，自己中心的となり，常に人をうらやんでは，憂うつとなり，他人に同情を求めては，刺げき性，短気となり，ついに周囲と融和することができないようになる」。

森田はこのような神経質患者の心理に共通して働いている精神作用を症状への「とらわれ」と名付けた。つまり自己肯定にしろ自己否定にしろ，自己評価に関わる「感情へのとらわれ」が元凶なのである。

そして，この森田のいう自己への「とらわれ」の病理が，前述した現代青年の陥りがちな病理の中核をなすものであると筆者は考えている。

3. 健康な自己を育てるために―「あるがまま」の学習

前節で述べたコフート理論に従えば，健康な自己を育てるためには3つの自己対象機能をそれぞれ活発化すれば良いことになる。多くの青年を観てきた筆者の考えではとくに批判力の高まる青年期には理想化自己対象機能を活性化することで生き生きと自分の人生と向き合うことができるようである。心に内在化する理想の人物像や考え方としてここでは一つの提案として森田心理療法の創始者である「森田正馬」の説く「あるがまま」という心理的態度を紹介したい。健康な自己であるあるがままの生き方を妨げるのが，私たちの「**我執**」（我に執着した生き方）の心理である。森田心理学（森田正馬）では我執の中核には「**傷つきやすい自己愛（自己中心性）**」と「**完全主義的・強迫的傾向（完全主義，強迫性）**」の2つが心理的特徴として取り出せると考えている。この2つの傾向はけっして病理のみを意味しない。思春期や成人中年期の心理的な危機で悩むときに出現する。人生は「自分の欲するがままにならない」。健康な人はこの事実をある程度受け入れて生きることができる。しかし一部の人は「自分の思うようにすべてをきちんとしたい欲望」にとらわれてしまうのである。

したがって，自己に関する病理は我執の一側面といえる。言い方を変えれば「**うぬぼれ：うぬ（自己）に惚れる**」の病理であり，我執の視点から現代人の自

表 5-1　自己にとらわれる人たちの特徴（北西 2001）

1. 他者の評価に依存する人たち
　　・他者の承認を求め続ける　・他者に優越することを目指す　・自己関係づけ
2. 自分を愛せない人たち
　　・自分を愛せない苦しみ　・傷つきやすさと怒り　・空虚さ，落ち込み
3. 自己を素直に語れない人たち
　　・自己を表現できない苦しみ　・他者への極端な回避と接近

己に関する病理がより理解できるのである。北西（2001）は「**肥大した自己愛の罠**」として表5-1の不健康な自己愛の特徴をまとめた。

これらの根底に自己への「とらわれ」がある。この「とらわれ」から抜けていくうちに身についていく感覚は「**現実感覚**」と呼ばれる。

[1] 健康な自己への回復プログラム―現実感覚の獲得に向けて

自分の考え方に固執せずに事実として目の前に現れていることをそのまま素直に見ることが望まれる。現実感覚を得て地に足のついた生き方をするためのポイントを北西（2001）は以下のように解説している。

(1) 学習の第一段階―「とらわれ」と「現実感覚」について理解する

①不安は良くないものかを考える。

・不安の逆説

森田療法に裏付けられた「現実感覚」では，不安や不快な感情を自然なものと考え，そこに何ら病理性を認めない。その感情の自然な経過を示したのが，森田の**感情の5つの法則**（①感情は放っておけば消える，②慣れれば消える，③満足させれば消える，④注意の集中と反復でますます大きくなる，⑤行動・実践によって養成される）である。

・不安の原因をみつけることで問題が解決できるか。

不安や不快な感情を過去の体験や脳のメカニズムに還元して理解しようとする試みがあるが，これにとらわれるとまたしても不安の悪循環に陥る。重要なのはその過去の葛藤を抱えながら「今ここ」で生きることである。

・将来を否定的に予想する**予期不安**。

「現実感覚」の持ち主は，起こったときに考えよう，起こったらその不安をしっかりと感じ，そこに漂っていけばよいと考える。否定的には予想しない。
　②不安や不快な感情は自分の欠陥から生じたものかを考える。
　「現実感覚」をもつ人は，自分の悩みを自分の欲望の裏返しだと考え，決して自分の欠点，欠陥，欠損のせいだと考えない。したがって，まず不安や不快な感情の背後に自分の生の欲望を見出し，それを発揮することを考える。
　③相反する感情をもつのはいけないことかを考える。
　他者やあることに対して相反する感情をもつことに苦しんでいる人がいる。しかし相反する感情が起きてもそれは感情のごく自然なあり方で，そこに病理性はない。問題はそのような感情を受け止める能力。あるいはそのような感情を自分の内側に保持していく能力が欠如しているところにあることを知る。
　④不安や不快な感情は気味が悪いかを考える。
　自分の中の感情を自然なものと認め，自分に支配できないものであると知る。コントロールをあきらめ受け入れていくことでもある。つまり我執の修正である。
　「現実感覚」をもつ人は次のような心の態度をもっている。
　・不確かなものに耐えられる。
　・変化することに耐えられる。
　・あいまいであることに耐えられる。
　⑤感情は率直に表現するもの。抑制しすぎか爆発させてしまうのではなく適切に表現することが正しいと知る。

(2) 学習の第二段階—生き方をまっとうすることを学ぶ
　①すべてが完全でなくてはならないかを考える。
　・失敗を恐れない。　　　　　・60点主義。
　・完全でなくても続けていく。　・行動は必ず行き詰まるから逃げない。
　②自己中心的であることへの処方を知る。
　・他者の賞賛・承認がそれほど必要かを考える。
　・いつも人より優れていなくてはならないかを考える。
　・人はそんなに自分を注目しているのかを考える。

・誰からの愛が1番欲しいのかを考える。
③世の中には「できること」と「できないこと」があることを知る。
・思い通りにできない3つのこと
　①自分の感情を思い通りにすることはできない。
　②他人の感情・評価を思い通りにすることはできない。
　③現実を思い通りにすることはできない。
・できる3つのこと
　①不快な感情を受け入れること。
　②自分の限界を知ること。
　③目の前の現実の中でやるべきことをする。
　つまりまとめていえば，「できない3つ」を「受け入れること」。

[2]「あるがまま」の体得について

　ロジャース（Rogers 1951）は理想自己と現実自己の一致・不一致が精神的な不健康に大きく関わっていることを以前から指摘してきた。

　この問題を考えるにあたって，改めて注目したいのは，森田療法の「**事実唯真**」の考え方である。この言葉は，例えば「あがってふるえて情けない」という自己の感情に注意を向けるのでなく，「あがったけれどもできた」という行動の事実（現実：現在の事実）に注意を向けるこころの習慣を指導した言葉で

図 5-3　理想自己と現実自己の図

ある。この考え方によれば，現実自己・理想自己，両方とも観念の産物であり，したがって，両者にとらわれない，ありのままの現実感覚を育てることが必要である。「理想自己」も「現実自己」も真の意味で現実の自己とは異なることに気づかねばならない。

「理想自己」は空想の産物であるが，「現実自己」さえも実際の事実としての自己のあり方と厳密には同じではない。例えば目は目を見ることができない。つまり「がっかりしたり，落胆する現実の私」という場合には，それは現実の自己ではなく，すでに自己によって価値化され，色づけられた自己（歪んだ認知によって認知された歪んだ自己）なのである。言い換えれば，「理想自己も現実自己もいわばそれぞれプラスの方向とマイナスの方向に誇張された非現実的な自己イメージ」（岡野 1998）にすぎないのである。

したがってその不適応の状態から抜け出るには自分が現実自己と思い込んでいる自己も実は観念の産物であると理解して，その奥にある真の現実的な自己（これを仮に事実自己とする）に従って生きようとする覚悟が求められるのである。

森田は，このような不適応の問題を抱える患者に対して，評価過敏な自己，あるいは理想と現実自己の相克に悩む自己を鍛えるために，「価値感情の没却」（何でもかんでも価値づける癖を改めさせる）を指導した。森田は次のように述べている。

「神経質者は自分のすることに対して，過度の価値を得ようとする欲望のあるものであり，従って何事に対しても強い予期感情をともなうようになるものである。仕事については，たとえ下駄のハナオをすげるとか，便所の肥料を汲み取るとかいうことでも，まず品格，体裁とかいう考えを打破して，子どもがただすかんな活動によって，自分の機能すなわち衝動の発揮を愉快なものとするように，何事にも精神機能を発揮させ自分で工夫し努力する」（森田 1960）。

このように森田はこころの働かせ方を指導しながら「およそ人のすることはどんなことでも出来るという自信（労働の神聖）」の体得を目指させたのである。これによって健康な自己本来のあり方を阻んでいる，高い価値を求めることから引き起こされる評価過敏傾向からの解放を目指したのである。現実という事実の前にある自己（これを筆者は"**事実自己**"と名付けている）とあるがまま

に向き合うことが望まれる。

　渡辺（1996）は森田の療法思想を一語でいいあらわすならば「**あるがまま**」であるとして,「森田療法の核心は,死の恐怖とはすなわち生の欲望の反面であることを症者にありありと認めさせ,そうして生の欲望に素直に身を任せて人生を送るという態度にめざめさせることにある」として,さらにその態度の効果としては「恐怖,不安の感情は,おこるべき時期と境遇に応じて必然的におこるものであって,心のやりくりでこれをどうこうすることはできない。どんなにつらくあれ,そうした感情のあるがままに身をゆだね,そうして人生の目的に向かって不断の努力を続けるならば,人間の精神は外界の変化に応じてしだいに流動を開始し,恐怖,不安は消滅していく」と述べている。こころのやりくりをやめて素直に生きるときに本来の自分らしさが現れて楽しく生きることができるのである。

6章 若い成人期
―20代から30代まで

1. 親密性の発達とは―恋愛と結婚

　若い成人（young adult）とはおおよそ何歳ぐらいだろう。本書では我が国での慣習に沿って干支の循環から考えて，24歳から36歳をメドにその前後あたりを若い成人期と想定している。近代になって大きく変わったのは，社会参加のありようである。急激な社会変化，技術革新の波，女性の社会進出を促す風潮，ますます厖大化する情報化の嵐など，それらに伴う心理的負担感や切迫感は職場や家庭や職場，学校，地域などへの適応を困難にする大きな負荷となって私たちに迫ってくる。そんななかでより良く生きるための「こころの健康」とはどのようなものか，どのような態度とスキルで生きていけば幸せになれるのかを考えていきたい。

　エリクソン（1977）の提唱した「**親密性**」の定義は「確立した同一性を他人の同一性と融合すること」という。これはわかりやすくいえば，青春の苦闘の結果，手にした自己の確立とおぼしき自己（同一性）の放棄を意味する。自己放棄が迫られる場面が5つ考えられている。①性的結合，②格闘，③友情，④師弟関係，⑤直観的経験。どれも小我を捨てて大我につくともいえる自己放棄である。⑤の事例としてマザーテレサやナイチンゲールを考えるとまさに神ともいえるものの前に尊い自己放棄がなされたのだと実感する。このどの経験からも自己放棄ができない場合に人生に「孤独」の影が落ちると考えられるのである。①で問題になるのは「配偶者の選択」である。離婚が増えて，さらに結婚を考えない人が増えているといわれるが本当だろうか。現代は自己の確立に興味をもつあまりにこの自己放棄ができにくい世相ではないだろうか。

[1] 単身所帯の増加

無縁社会というショッキングな言葉がNHKテレビ番組で2010年に放送された。単身所帯が増え，人と人との関係が希薄となりつつある現代の一面をいい表した造語である。単身所帯が増える原因の一つに離婚の増加がある。離婚に関しては，意識の変化，また社会環境の変化が大きいと考えられる。以下のような原因が主に考えられる。

①女性の働く場が増え，その社会進出を促す動きも活発になり，離婚しても男性に頼ることなく女性が経済的に自活できる見通しが以前よりもつくようになった。

②家と家のつながりを重視する見合い結婚より個人の愛情を重んじる恋愛結婚が増えたことになり，その解消にあたり家を意識することもなく，本人同士の意志によって決断できるようになった。その結果，愛情が希薄になれば離婚に至ることが考えられる。

③子どもへの悪影響が歯止めになっていた昔と比べて，単身所帯が増えることにより，そこで育つ子どもの数も増えてくることで「子どもへの不憫さ」や「離婚で被る不利益」への懸念が軽減してきたこと。

④「離婚するべきでない」という社会規範や文化伝統が変化してきた。離婚への罪悪感や抵抗感が薄れてきた。

⑤寿命が延びたことにより，子育てが終わってからの長い二人暮らしの期間に見切りをつけての離婚も，熟年離婚なる言葉が出てくるほど増えている。

以上だけでなく，社会の不安定さを反映してかDV（配偶者暴力）などの増加も離婚率の増加に拍車をかけているとされる。

[2] 独身者の増加

独身でいる理由は，結婚をする積極的理由の欠如や，25歳を過ぎると適当な相手がいないことが多い（表6-1）。結婚意思のある未婚者に独身でいる理由をたずねたところ，若い年齢層（18〜24歳）では「（結婚するには）まだ若すぎる」「まだ必要性を感じない」「仕事（学業）にうちこみたい」など，結婚するための積極的な動機がないこと（"結婚しない理由"）が多くあげられている。2016年度発表の出生動向基本調査では特に女性で「仕事（学業）にうちこみた

い」が増加し，18〜24歳ではもっとも多い理由となった。一方，25〜34歳の年齢層では，「適当な相手にまだめぐり会わない」など結婚の条件が整わないこ

表6-1 調査・年齢別に見た，各「独身にとどまっている理由」の選択割合（％）
（国立社会保障・人口問題研究所　2016年9月15日発表）

男　性（25歳〜34歳）

独身にとどまっている理由	第10回 (1992年)	第11回 (1997年)	第12回 (2002年)	第13回 (2005年)	第14回 (2010年)	第15回 (2015年)
まだ若過ぎる	7.4	7.0	5.3	6.0	6.5	3.8
まだ必要性を感じない	30.7	33.3	33.6	32.2	31.2	29.5
仕事（学業）にうちこみたい	15.9	15.1	16.9	19.6	17.8	17.9
趣味や娯楽を楽しみたい	20.3	19.9	23.3	21.8	21.2	19.4
自由さや気楽さを失いたくない	30.0	30.2	29.1	29.7	25.5	28.5
適当な相手にめぐり会わない	53.5	46.5	43.7	45.0	46.2	45.3
異性とうまくつきあえない	10.5	9.2	9.0	11.3	13.5	14.3
結婚資金が足りない	25.5	22.3	23.2	27.3	30.3	29.1
住居のめどがたたない	6.1	6.0	6.4	7.2	7.6	7.2
親や周囲が同意しない	3.5	3.5	3.8	2.8	3.7	2.7

女　性（25歳〜34歳）

独身にとどまっている理由	第10回 (1992年)	第11回 (1997年)	第12回 (2002年)	第13回 (2005年)	第14回 (2010年)	第15回 (2015年)
まだ若過ぎる	2.3	1.7	2.3	1.9	2.7	2.4
まだ必要性を感じない	30.1	34.7	34.2	31.5	30.4	23.9
仕事（学業）にうちこみたい	13.6	12.6	15.4	18.6	16.9	19.1
趣味や娯楽を楽しみたい	22.2	19.6	21.1	19.5	20.7	20.4
自由さや気楽さを失いたくない	36.9	38.2	33.7	33.5	31.1	31.2
適当な相手にめぐり会わない	55.3	52.3	48.6	49.0	51.3	51.2
異性とうまくつきあえない	7.9	7.7	6.6	7.3	11.6	15.8
結婚資金が足りない	12.6	13.0	15.9	15.7	16.5	17.8
住居のめどがたたない	2.7	4.2	4.5	4.7	4.5	5.1
親や周囲が同意しない	6.9	7.0	6.1	5.3	5.5	4.8

注：対象は18〜34歳の未婚者。
設問　あなたが現在独身でいる理由は，次の中から選ぶとすればどれですか。ご自分に最もあてはまると思われる理由を最高3つまで選んで，右の解答欄に番号を記入してください（すでに結婚が決まっている方は，「最大の理由」の欄に12を記入してください）。

と（"結婚できない理由"）へ重心が移る。しかし，この年齢層でも「自由さや気楽さを失いたくない」「まだ必要性を感じない」と考える未婚者は多い。必要性の低下や条件の不備がその理由の中心である。

[3] 異性との交際の減少

異性の交際相手をもたない未婚者が増加している。男性69.8%（前回61.4%），女性59.1%（同49.5%）が「交際している異性はいない」と回答した。いずれも前回の調査より上昇した。一方，結婚をしたいと思う交際相手をもつ割合は，男性16.0%（前回18.4%），女性24.5%（同27.0%）といずれも前回より減少した。単身所帯の増加する要因がここにも見られる。今後，豊かで幸せな地域交流を実現するためにどのようなことが必要なのか次に考えていきたい。

2. 地域の仲間と共に生きる

地域の仲間と共に生きるのも「親密性」の大事な機能の一つである。自然災害や人災で地域が大きなダメージを受けたときに私たちはこのことを強く意識する。

[1] 地域の概念・定義

コミュニティ心理学では「**コミュニティ（community）**」を，もともとの意味の「地域社会」にとどまらず，学校や会社，病院，施設，あるいはまたその下位の単位である，クラス，職場，病棟なども含めてコミュニティととらえており，学校コミュニティとか職場コミュニティという呼び方をしている。また，これら可視的なものだけでなく，例えばHIV患者の会など各種サークル，さらに最近では，サイバースペース（電脳空間）上に創り出される無数のバーチャル（仮想）・コミュニティ，いわゆるインターネット・コミュニティをも視野に入れたものとなっている（植村2007）。

コミュニティ心理学の中で最も重要な概念の1つとされているものに**コミュニティ感覚**（psychological sense of community）がある。コミュニティが成立するためには，そこに集う人々が，それを自分たちのコミュニティであると

認識し，愛着をもち，維持・発展させていこうとする意欲が必要である。これは「**われわれ意識**」とか「コミュニティ意識」「コミュニティへの所属感」など様々な言い方で表現されてきたが，現在では「コミュニティ感覚」と呼ばれるのが一般的である。それは「他者と似ている点を自覚してお互いさまの気持ちで，物心ともに与えたり，いただいたりしながら仲良く生きようとする気持ち」さらに「自分はある大きな，依存が許される安定した全体の一部分であるという感情」といえる。

　一方，アドラーは地域の概念を「**共同体感覚**（他者への関心 social interest）」を説明する中で「さしあたって自分が所属する家族，学校，職場，社会，国家，人類というすべてであり，過去・現在・未来のすべての人類，さらには生きているものも生きていないものも含めたこの宇宙の全体を指している」と大きくとらえている（岸見 2006）。アドラーの指摘の重要な点は「共同体（地域）は建設されるものではなくて，発見されるもの。その時点でいつも完成しているし，完成しながらいつも進化・発展している。いつだって未完成だし，完成している」と地域のもつ価値とその可能性を指摘した点である。したがってアドラー心理学においては，「共同体感覚」の育成が治療の究極目標となっている。

　そのためにアドラーは「共感」を重視した。共感ができるためには，相手と自分を同一視し，この人ならこの場合どうするだろう，といわば相手の関心に関心をもたなければならない。このような意味での共感は容易なことではないが，これが共同体感覚の基礎となるものである。アドラーは，「他の人の目で見て，他の人の耳で聞き，他の人の心で感じる」ことは，共同体感覚の許容しうる定義であると思える，といっている。殺人者はこのような共感能力としての共同体感覚を欠いているとされる（岸見 2006）。

　時代は新しい風を求めている。コミュニティ心理学で説く郷土意識も大切であるし，一方これからはアドラーのいう広い地球市民意識まで柔軟にこの感覚を広げられる視野をもちたいものである。過疎地域を限界集落と名付けてあきらめるのではなくこれからの若い世代は新しい視点からの地域創生にも果敢に挑戦したいものである。

[2] 地域創生力と対話

　まず対話を大事にするのが地域を育てる第一のコツである。そのために最も大切なことは，地域で共に暮らす人とは「それは『出会い』であるということ」を肝に銘じることである。対話の本質は二人の人間の「出会い」である。対話の達人である精神科医の神田橋（1984）は次のように述べている。「よどみに浮かぶ二個の泡が，種々の条件がそろったが故に出会ったという意味である。いずれかの結ぶのが早くても遅くても，他方の消えるのが早くても遅くても，二個の泡が出会うことはなかったであろう。その因縁に心をおくことなしに行われる面接は，技法，学説を問わず，結局，両者にとって有害無益であると私は思う。…中略…二個の泡のイメージを描くことは，面接技術の向上にとって，本質的に有効であることは確かである」。

　地域での生活の基本もこれと同様である。ヒトと土地に縁を感じて郷土を愛する心を自分の中に育てたいものである。

3. 社会人に必要なメンタルヘルス対策

　メンタルヘルスとは精神面における健康のことで，精神的健康，心の健康，精神保健などと称される。複雑さを増す現代社会において，精神的な疲労やストレス，悩みにはどのように対応するかについて考えたい。

[1] 女性のメンタルヘルス（こころの健康）について

　女性のこころの健康が保たれにくいのは，女性の人生が，身体・生理的次元，心理的次元，社会的次元のいずれにおいても「産み・育て・支える」営みに深く関わっているからとされる。「**個としての自分**」と「**他者を支える自分**」のバランスを保たないといけないからである（岡本 2008）。2016年のノーベル医学・生理学賞を受賞した大隅良典氏は，若き日に同じ教室で学んでいた女性研究者と結婚した。受賞の折に，研究を諦めて家庭に入り自分を支えた妻に感謝した。妻は子ども2人を育て彼を支え続けたのである。男性の栄光の陰で多くの女性が同様の働きをしている。多くの女性研究者が結婚しなければノーベル賞をとる女性がもっといたかもしれないとはまったくの空想でしかない

が，「他者を支えながら，個として生きる」ことは大変に困難なことかもしれない。すでに片方を一時的に放棄する女性も多く見られるし，多くの男性はこれまで「他者を支える」という役割を放棄してきた，あるいは考えてもこなかったといえるかもしれない。

では「個として自立しながら他者を支えて生きる」，これをバランスよく生きるにはどうすればよいのだろうか。女性・男性と区別せずにまずはヒトとしての基本に立ち戻りたい。こころの健康が反映されるのは私たちの人生においてである。人生の「生」の字は「生活」「生存」「生命」などを意味する。だからメンタルヘルス（こころの健康）の問題でまず大事なことは私たち人間の生活と生存のために「生命エネルギー」を日々充実させることである。そのためには，生命エネルギーの保持・向上が必要である。以下のような自分自身のストレスケアを実践してほしい。

①活動

ただ一言，「歩け！」につきる。歩きやすい靴をはき，時にはバスや車を使わずに歩いてみよう。意外とこころの力は体力なのである。

②呼吸の訓練

何気なく行っている呼吸だが，息の仕方は心と身体の健康に大きく関わっている。浅い呼吸や口呼吸ばかりを長く続けていると様々な疾患につながる。ヨガの呼吸法，座禅での呼吸法，丹田呼吸法などいろいろな呼吸法をマスターしたい。ストレスを感じているとき，呼吸は浅くなっている。深呼吸をすると落ち着くだろう。

③笑いの訓練

笑いはからだの免疫力と自然治癒力を高める（カズンズ 2001）。笑いは顔の筋肉運動であり，健康な呼吸法でもある。様々な笑顔を練習したい。筆者は「笑いヨガリーダー」の資格を取得している。例えば1時間ほどみんなで笑い合う，笑いのワークを実践するとヨガと同じ健康効果があるとされる。「日本笑いヨガ協会」のホームページで研修日程が参照できる。

④栄養管理

人間の身体はすべて食べたものでできている。血液も例外ではない。特に血液は全身に広がる60兆の細胞に酸素や栄養を届ける重要な役割を担っている。

血液を作り，増やし，流れを良くする食べ物に関心を払いたい。血が不足し，かつ血の巡りが悪いと考えもまとまらない。栄養管理は重要である。

⑤精神性（スピリットの健康）

霊性・宗教・詩・伝記などの分野の啓発的な本を読む。仕事・生活の意味や目的の発見。自分に元気と楽観性を通じて充実感や，幸福感を与えてくれる人や出来事や思想に出会う。

⑥ライフ・スタイルの見直し

これについては7章で詳しく解説する。

[2] メンタルヘルスの実践のために

個人としてのメンタルヘルスの目標は「生命エネルギーの向上」，つまりは円滑なこころ（知・情・意）の運用であるから，端的にいえば，「安定して機嫌よく生きること」といえる。また集団としてのメンタルヘルスの目的は「個を解放して，個性と独自性を集団の中に活かす」ということである。だから他者に対しては，個の尊重システムが錆び付かないように，一人ひとりがその人らしく動けるように，こまめに油をさす役割と実践にも注意を払いたい。具体的には自己に対しては「とらわれのない心構え」と「自己開示」，他人とは「良好な人間関係の構築」を目指す。それには「職場・家庭・地域における日常のコミュニケーション」がもっとも基本であり，不可欠である。対話は互いが対等であって初めて成り立つ。そのためには自分の中に「誇り（健全な自尊心）」があることが必要である。そうであってこそ人生は楽しく美しく輝かしい。

しかしその誇りがともすれば，自惚れや傲慢となり差別を助長する。この副作用にも留意しながら自分のこころに健全な自尊心（誇り）を育てる人でありたい。

そのためにはまず，自分の心に「ゆとり」「ゆうき」「ゆめ」「ゆーもあ」「ゆうじん」の5つの「ゆ」がコンコンと沸きたつように心掛けることである。

①「ゆとり」

偏りなく感じる力を阻害するストレスや葛藤に対する抵抗力やキープ力は「こころのゆとり」と深く関わる。それは「遊びごころ（楽しむ力）」から成り立つ。これがその人のこころの底力として，いざというときの対応力となる。自

惚れや傲慢の危機管理は普段の「遊びごころ」と「思いやり」から。
　②「ゆうき」
　リスクや恐怖を感じながらも道義的で価値ある目的に向かっていく行動意志が勇気である。困難があっても一歩踏み出す勇気をもちたい。
　③「ゆめ」
　ビジョンというと味気ない。人は夢にあこがれて力を尽くす。ゆめが語られる家庭・職場・地域は健康そのものである。
　④「ゆーもあ」
　笑いのあるところに前進あり。ユーモアとは「にもかかわらず笑うこと」とよくいわれる。人生上のトラブルやストレスにくじけそうになるときに，誰かの機知にとんだ一言で心が和み，元気を回復した経験はないだろうか。環境の厳しい時代だからこそユーモアのセンスはますます求められる。
　⑤「ゆうじん」
　話をして気を使わない，馬の合う友人は金のわらじをはいても探したい。大切にしよう。とくに異なる分野の友人を多くもつように心がけよう。

[3] 自分を傷つけてくる人への配慮—仕事についてすぐに辞めないための知恵

　楽しく生きていく上には良い人柄とその相互の関わりが必要である。良い人柄を考えるには，他人を傷つける人の特性を知っておくことである。モラルハラスメントについて学習しよう。

(1) 自己愛的な人

　平気で人の心を傷つけながら，自分の立場を高めようとする人。その被害者は精神状態がおかしくなり，職場を辞めたり，ひどい場合には自殺に追い込まれたりする（マリー＝フランス 1999）。

◎事　例
　主任のFさんは，言葉が巧みである。新人が入ると何かと世話をするのはよいが，気に入らないことがあると手のひらを返したようにいじめることが多く，そのために今まで何人も職場を去っていった。当のFさんはそのことの責任はまったく感じて

> おらず，すべてにおいて罪悪感や葛藤を感じないように見える。いじめ方は「言葉の暴力を使い，精神的に追いつめていく」やり方である。周囲は自分が標的にならないように気を使っている。もう一つのFさんの特徴は「非常に賞賛を求める」という点である。自分を異常に愛している点でナルシスト（自己愛的）である。優秀な人材がFさんのために辞めていくので，みなは困っている。

(2) 自己愛的な人の相手を支配する方法

以下のようなやり方で心を傷つけられた被害者は，自分が自分であるという感覚を失い，主体性を傷つけられて考えることも理解することも難しくなる。

・政治的な意見や趣味など，相手の考えを嘲弄し，確信をゆるがせる。
・相手に声をかけない。
・人前で笑いものにする。
・他人の前で悪口を言う。
・釈明する機会を奪う。
・相手の欠陥をからかう。
・不愉快なほのめかしをしておいて，それがどういうことか説明しない。
・相手の判断力や決定に疑いをはさむ。

(3) 対処法

・まず，自分が混乱していることを自覚しよう。例えば「頭が空っぽになった」「何もする気にならない」「何も考えられない」「感情が乏しくなった」「生きていても面白くない」。このような状態は，自分が攻撃され，人間性を踏みつけにされていてもそれに気がつかないという危険な状態なのである。

・相手を関係のとりにくい危険な人物だと認識する。その支配から抜け出す覚悟をする。自分を主張し，戦い，相手と距離をとる。対立することを避けない，恐れない。最も良い対処は，接触を絶つことである。

・相手の挑発にのらない。言葉の攻撃には微笑みを浮かべ（平静を保ちつつ），冷静に対処する。仕事上のミスとも思えないようなささいなこと，例えば字が小さいなど，難癖とも思われる指摘に対しても同様である。机には施錠するなど持ち物の管理を怠らない。机上の書類も勝手に持ち出されたり見られたりで

きないように気を配る。

　・何があろうと，自分自身であること。同じ状況の同志がいれば連帯（団結）すること。パワハラやセクハラ，近年ではアルハラ（アルコールハラスメント）などに対抗するのに，同じ職場に気心の知れた友人が2人いれば，被害リスクは格段に低くなる。3本の矢は折れないし，3人寄れば文殊の知恵なのである。職場に誰も頼りになる人がいない場合は，家族や外部の人に助けを求めること。決して一人で問題を抱え込んではいけない。

やってみよう！　私のやりたいことは何？

　人生で大切なことは「方向性」である。自分の方向性を思い描く力，その可能性を見出す力，そして目に見えないものを創造する力が望まれる。まず以下の項目をチェックしてみよう。自分の強みを活かすことが人生の方向性を示すときがある。

　①子どものときは何が好きだったか？　今でもそれをすると充実感があるか？　今でもそのうちのどれかをしているか？

　②あなたは今，自分の人生で何をしているのだろうか？　それであなたは幸せだろうか？　充実しているだろうか？

　③あなたは何にあこがれ惹かれ続けているだろうか？　それは今していることと同じことだろうか？

　④あなたがこころから充実していると感じることは何だろうか？

　⑤あなたは何が得意だろうか？　あなたにしかない特徴と強さは何だろうか？

　⑥人が苦労してやることで自分には簡単にできることはあるか？　それがあなたの才能である。

7章 成人期
―30代から60代まで

　成人期こそ人生と一般にいわれる。人生の本番である。心身ともに「大人(おとな)」として充実して，動きに無駄がないように見える。社会の基盤を支えるとともに，その発展に寄与し，次の世代への責任を負う。本書では，30代から60代までを考えている。この時期の生活を考えるに際して参考になるのはアドラーの提唱した「**ライフ・スタイル**」の概念である。なぜ人生がうまくいかないか。それはその人の生きるスタイル（態度・心構え）が歪んでいるからである。このライフ・スタイルは小学校の高学年で大方決められるため，歪んで当たり前といわれる。人生の荒波・困難に際して自分のライフ・スタイルをどう是正して，そしてうまく活用して幸せになるかが成人期を生きる醍醐味なのである。

1. ライフ・スタイル

　たとえば，「どうして，あの人はいつも同じ過ちをくりかえすのだろう」と不思議に思ったことはないだろうか。その人らしさを考えたとき，その人独自のスタイルがある。アドラー心理学では，その人の「生活・人生・生命」（ライフ）のスタイルをライフ・スタイルと呼ぶ。
　アドラー心理学の創始者である，アルフレッド・アドラーは「どの人のライフ・スタイルも，唯一の思考，感情，行動のパターンであり，その人独特のパターンである」とした。つまり「動きの独特の法則」「ルールのルール」「一貫した知覚・思考・行動の方向のもととなる，つまり特徴的なやり方のもととなるその人の前提」がライフ・スタイルである。それは一度形成されると固定され，変容させるのは困難である。しかし，次の4点の要件がそろえば変えることもできる（岩井 2000）。
　①ニーズが多い。

②スキルがある。
③勇気がある。
④チャレンジする。

　自分と他者の人生に対する独自性の見出し方を学ぶことは人生を豊かなものにする。以下ではバーナード・H・シャルマンとハロルド・H・モサック（Bernard H. Shulman & Harold H. Mosak 2000）の『ライフ・スタイルの診断』に従いながら解説する。

[1] ライフ・スタイルの働き

　「車とは何か？」と聞かれたとき，その機能に注目すればわかりやすい。同様にライフ・スタイルもその機能を私たちがどのように使っているかを見ればより的確に理解できる。ライフ・スタイルには下記のような機能がある。
　①人生は選択の連続である。選んで決める働き（選択機能）は下記の7つの場面で機能する。
　・方向設定
　　失敗を避ける方向で生きたい人は，見込みのない状況はいつも避ける。
　・選択的知覚
　　いちど敵対的な人だと選択し分類すれば，その人はずっと敵とみなされる。
　・行為を導く
　　自分のことを弱くて無能だと選択，判断すれば，消極的な行動になる。
　・予測と予想
　　自己達成の予言を創り出す。失敗すると思えば失敗する。
　・レーダー機能
　　ある特定の状況にとくに敏感になる。屈辱や無能の信号がいつもついていればいつもそのことを警戒して生きねばならない。
　・意志決定機能
　　一般論より自分の私的論理を優先させる。
　・考古学的機能
　　幼いころの記憶の中に自分自身の歴史的説明を見出す。
　②問題を解決する働き（問題解決機能）

③経験を上手に使う働き（経験のコントロール）
④自分の苦労話をまとめる働き（神話形成機能）
⑤自分を強め励ます働き（強化機能）
⑥自分を守る働き（自己防御機能）
⑦自分を規定し考察判断する働き（自己関連機能）

　以上のライフ・スタイルの機能を使って私たちは人生を紡いでいる。「どうしても人生がうまくいかない」というのは，例えば目標や自己や他者に対して歪んだ態度（スタイル）をとっているからだとアドラーは考えた。次にライフ・スタイルの歪みについて考えてみよう。

[2] ライフ・スタイルの歪みの事例

　ゲシュタルトセラピストの鈴木（1993）がターミナルケアに立ち合った際に病室で聞いた体験事例が興味深い。以下に概要を紹介する。

　ある大会社の社長は，若いころからの努力もあり自分の才覚で会社を起こし，企業家として尊敬される社会的地位に就いた。結婚もし子どもも授かり，父としても夫としても恥ずかしくない人生を歩んできた。しかしずっとこころにすきま風を感じていた。何かわからないけれど「胸から背中に突き抜けるトンネルのような穴があって，そこを北風が吹き抜けていく感じ」だった。その原因は不明だった。あるとき，心臓の不調を覚え入院することになった。腿の動脈から血管造影剤を入れるときにカーッと身体全体が熱くなった。その痛みに「あっ，この感覚は知っているぞ」とふと思った。それをきっかけに記憶の糸を探った。幼いときの記憶が蘇ってきた。

　東北の田舎で育った彼の家にはいろりがあった。そこには朝食どきに味噌汁を炊く大きな鍋がかかっていた。幼かった自分は何かの拍子に足を滑らせいろりに落ちて，その反動で鍋の煮立った味噌汁を全身に浴びた。びっくりして泣き叫んだ。ところが誰も来ない。あの優しい母親さえも来なかった。生きのびたい一心でいろりの縁に手をかけて必死に這い上がろうとした。そのときに「母親さえも助けに来てくれない。自分一人の力で這い上がらなければ」という思いを強く抱いたのだと気がついた。この人生の原点ともいえる体験は生きる上での信念となり，その自立的な生き方で今の地位を築いたのだ。

しかし今改めて病室のベッドの上で振り返ると，母親は味噌汁に入れる具材を取りに裏の畑に行っていたことに気がつく。その証拠に，いっときして泣き声に気がついた母は半狂乱になって自分を医者の所に連れて行ってくれた。母は自分を見殺しにしたのではなかったのだ，と改めて今病室で思い出したとき，こころの中にふしぎなことが起こった。人間不信ともいえるこころの穴が消えたのだ。

このことを語った後には彼の穏やかな表情と澄み切った静寂の時間があったと鈴木は述べている。病によって洞察が引き起こされて彼のそれまでのライフ・スタイル（他人は信じられない，信じられるのは自分だけ）が明らかとなり，その歪みが是正されたのである。

その他の歪んだライフ・スタイルには，下記のような例があげられる。
・私は魅力がなく，かわいくもなく価値がない。
・人生は，複雑でごちゃごちゃしすぎている。
・私は，完全でなくてはいけない。欠点があってはならない。
・ささいなことはおおげさに考えないと後悔する。

2. 自分のライフ・スタイル診断

ライフ・スタイルの確認には「家族布置による診断」「早期回想（一番古い時期の記憶）による診断」の2つの方法がある。シャルマン＆モサック（2000）を参考にした以下のワークシートを見てみよう。

[1] 家族布置による診断
(1) きょうだい布置

家族布置による診断でもっとも重要なのは「きょうだい布置の分析」である。歴史を紐解いてみても家族員間の競合は居場所を巡る対抗戦として史実に残っている。本人のライフ・スタイルにもっとも影響を与えるのは「きょうだい」なのである。一人っ子の場合は「いないということ」での影響をやはり受けるのである。そこで「きょうだい布置分析」から始めたい。きょうだい布置分析のポイントは以下である。

①競合
親の愛を巡っての競争相手と認めたきょうだいとの対抗戦。
②出生順位
第1子，第2子，中間子，末子，単独子のどれか。
③年齢差
きょうだいの競合は年齢が接近しているときにもっとも厳しい。7歳以上離れるとお互いに競合することはない。その程度の年齢差がある子どもが2人いる家庭ではどちらもが単独子としての特徴をもつ（シャルマン＆モサック2000）。
④性差
異性のきょうだいとの関係は，後の人生での連れ合いの選択に影響。
⑤死者と生存者
重要なきょうだいとなるまで生きてから亡くなった子どもは影響を与え続ける。一般的には理想化されて，残された子どもは劣等感を感じることもある。
⑥特別なきょうだい
様々な障害や長期の病気などで親からより多くの注目と関心を向けられたきょうだいがいる場合，無視されたようで，さびしい思いを抱く子どももいる。

家族布置によるライフ・スタイル診断の例（一部）

(1) きょうだい布置
　①年長者から末子まで，自分のきょうだいの名前，年齢差，性別を記入する。生死にかかわらず，すべてのきょうだいを記入する。死亡したきょうだいは，年齢差を（　）でくくる。自分も記入して＊をつける。
　横に並べて書いてみよう。

　例）隆　－2　　国男＊　　政夫　＋5　　良美　＋1　　真司（＋2）
　　　　　　　21　　　　　　　　　　　　　　　　　　　（国男が10歳の時死亡）

---

　②グループ分けをする。
　Q　だれが一番あなたと異なっていましたか？　似ていましたか？

　Q　手術，病気，あるいは事故にあったきょうだいはいますか？

　Q　子どものとき，あなたは何がこわかったですか？

　Q　きょうだいみんなに同じようにあったものは？（共有された特性・関心）

（「一番似ている人はだれか」「だれとだれと一緒に遊んだか」など他にも多くある）

(2) 家族価値
　家族の中で価値があるとされているものをあげる。（男らしさ，知的業績，名声など）

---

(3) 家族の雰囲気
　①気分，②秩序，③関係性（なごやか，など）に分けて書く。

---

(4) 親の行動（仕事などで忙しかった，遊んでくれた，など）

---

(5) 子どもが演じる家族の中での役割はどう表現できますか？
　例）例えば下記のようなら，従順という役割の変形である。
　　・喜ばせたがる良い子
　　・恐怖のために従順である子ども
　　・腕白な他のきょうだいよりも高い地位を得ようとしている良い子

親に関して（記入できない場合は未記入で可）

　名前　父 _____　母 _____

　今の年齢（死亡していても記入）　父 _____ 歳　母 _____ 歳

　あなたの出生時の年齢　　　　　　父 _____ 歳　母 _____ 歳

　職業　父 _____　母 _____

　・（特性，尊敬するところ，好きなところ，嫌いなところ）
　_____

　子どもとの関係
　・父母に最も重要だったものは？
　_____

　・何が親を怒らせたのか？
　_____

　・子どもへの期待は？
　_____

　・親のお気に入りだったのは？　どうしてですか？
　_____

　Q　家族の中で，誰を信頼していましたか？　傷ついたら誰のところへ行きましたか？
　_____

　Q　家族について，どんな感情（気持ち）をもっていましたか？
　_____

どうだったろうか。定型化された実際の「ライフ・スタイル診断」の質問項目はもっと複雑であるが，例えば「きょうだい布置」については一般に次のようなことがいわれている。自分の実際と比べてさらに考察を進めてみよう。

(2) きょうだい順によるライフ・スタイル

きょうだい関係は，ライフ・スタイルに大きな影響を与える。以下のアドラー心理学の視点（岩見 2006）と，自分のきょうだい順を合わせて考察してみよう。

1) 第一子

下にきょうだいが生まれることは第一子にとって大きな脅威となる。親は時間とエネルギーを下の子に取られ必然的に今までのように第一子に注目することは少なくなる。そのために注目を引こうと親を困らせる子どもになったり，きょうだいの世話をして親の目を引こうと行動する。このような，王座転落の対人関係を経験することで，概して，第一子は勤勉，努力家であるが，力で問題を解決しようとする。ライバルの出現を恐れる。保守的なライフ・スタイルを選択することが多い。

2) 中間子

生まれたときから上に兄や姉がいる。そしてすぐに下にきょうだいが生まれるので，一度も親を独占したことがない。そのために，問題行動で注目を引くかもしれないし，親のことをあきらめて他のきょうだいよりも早く自立への道を歩むこともある。上と下に挟まれて上手にアピールしないと親の注目を得られない。そのために要領よく空気を読みながらアピールすることがうまくできる。物の見方や感じ方にちょっと違う感覚を持っている。着眼点がユニークである。マイペースで自分の世界を持っている。隠れた才能がある。

3) 末っ子

上の子が叱られているのを見て育つので，リスクを負うような場面へのセンサーが発達していて，逃げるか，すぐに助けを求める準備ができている。「お兄

ちゃんやお姉ちゃんだからがまんしなさい」というような言葉をかけられずに育つ。そのために兄や姉がその歳になってできたことができなくても親は口うるさく言わない。そのため依存的な子どもになるかもしれない。甘えん坊でアピールがうまいので生意気に思われやすい。できないことをしようとは思わない。無駄な努力をしないで必要があればすぐに援助を求めることができる。

4）単独子

深刻なきょうだい間の人間関係の葛藤を経験していないので，他人に自分の意志や情報を伝えて理解を求める努力よりも自分自身の気持ちや心理的緊張の解消を優先させやすい。自己中心的な傾向があるように見える。そこで依存的で自分のことしか考えないように思われるかもしれないが，他方，非常に自立的になりかつ他者と一緒に生きていく努力をする人になるかもしれない。単独子のライバルは他のきょうだいではなく，父親であり，母親に甘やかされた単独子はいわゆるマザー・コンプレックスを発達させることになる。

このようなことは「傾向」でしかない。すべて本人が決めることであり，ライフ・スタイルは個々人によって大きな違いを見せることになる。

[2] 早期回想による診断

ほとんどの人は，7～8歳ごろから連続的な記憶が生じるとされる。そして，それ以前の記憶を断片的にぽつぽつともっている。その早期回想の重要性について以下のことがいわれる。

・現在の気分が早期回想に見出される気分を決定することが多い（うつの患者は，悲しい回想をより多く思い出す）。
・幼少期の回想が人格構造と何らかの関係をもっている。
・フロイトは，一見取るに足らない記憶は，抑圧された（マイナスの）材料を覆い隠すスクリーンだとした。アドラーは何か自分にとって重要なことや思い出す価値のある（さらには教訓的な）ことがあるから回想すると見なした。

例）早期回想

1つ目の回想：「幼稚園の年中のとき，徒競走で1番になり賞品をもらえ

て嬉しかった。がんばってよかった」
　2つ目の回想:「年長になり足の速い子が入園してきて,徒競争で負けた。すごく悔しかった」
　解釈例（1つ目と2つ目の回想に共通する言葉（概念）を考える）
「1番になることが,人生で唯一意味のあることである。2番では十分良いとはいえない」このライフ・スタイルがその人の生き方を苦しくしている。いつも1番であることは実際の人生では困難である。

早期回想によるライフ・スタイル診断の例

Q 「いつもこのことを想い出します」という幼いときの想い出はありますか？

Q できるだけ幼いころに戻ってください。戻ったら,心に浮かんできた幼いころの記憶はどのようなものでしょうか？

Q できるだけ幼いころのことを想い出してください。あなたの人生で想い出すことのできる最初のできごとは,どのようなものですか。ある日このようなことがあったのを覚えています……というようなできごとについて話してください。

1つの回想が終われば,次の回想にいく。
Q 次の想い出は,どのようなものですか？（あるいは「次にどのような想い出が,心に浮かんできますか？」）

さらに深めるための自問自答を行う。
　この記憶について,何か他に細かい点を想い出せるか？
　そのとき,どのように感じられたのか,覚えているか？
　その回想の中で,一番鮮明に覚えている部分は,どの部分か？

3. 成人期に起こる対人関係の悩み

[1] 人生における対人ストレスとの付きあい方

　仕事に心理的な負荷を感じて追い詰められている人が増えている。精神疾患を発症した労働災害の請求が1,515人（前年度比59人増）と初めて1,500人を超え過去最高となった（厚生労働省発表2015年度「過労死等の労災補償状況」のまとめ）。認定の原因では「心理的な負荷が極度に高い出来事」が最多で，「仕事の内容や量の変化」「パワハラや暴行」と続く。

　しかし心理的な負荷があっても「良好な人間関係」と「対話力」があれば何とかしのげる。なぜならほとんどの悩みは「対人関係」の悩みである。また社会環境の変化も大きく現代人は難しい状況下に置かれているとされる。とくに中間層では深刻である。多様な若年層と，昔気質の仕事人間である上司などに気を使いながら技術革新に伴う新しい職務もマスターしなければならない状況は依然として変わらない。そのようななかで「良好な人間関係」を構築し「対話」を実践するにはどのような心構えが必要だろうか。大きく分けて3つといわれる。

　①物的・人的職場環境の改善

　働きやすい机いすなどの配置（個と共有の程良いバランス）。トイレ，食堂，休息室，談話室の整備。BGMや温度調整。さらに人的環境の重視（潤滑油的な動きを心がける）。雑談力（齋藤 2010）の向上。

　②相談スキルの向上

　「聴く」ことの認識を新たにする。人間観の見直し。多様な価値観（人生の旗印）への理解と尊敬。違いは間違いではない。個性・多様性の受容。

　③リスクマネジメント（危機管理）

　業界ごとの研修会などに参加してその道に詳しい専門家の指導を受ける。事故や災害などに備えた保険の整備。弁護士や行政との普段からの意見交換。「当たり前」の点検。安心感の醸成。

[2] 対人ストレスへの具体的な対処

　ストレスに対処してとられる行動を**コーピング**（coping 対処）行動と呼ぶ。

(1) 従来のコーピング（対処）理論
問題と気持ち，それぞれをターゲットにする方法がある。

1) 問題解決型コーピング
問題に対して積極的に向かっていく対処方法である。ストレス源に直接働きかける根本的な解決方法といえる。例えば上司からパワーハラスメントを受けている場合，上司本人と対決して改善を求めるか，あるいは，さらに上の上司に事実を伝え，両者いずれかの配置換えやその人への指導・注意をしてもらうかなどである。

2) 情緒志向型コーピング
気持ち・情緒的反応（不安・悲しみ・怒り・不満・苦痛）をマネジメントすることでストレスを低減する対処法である。例えば音楽を聴きリラックスする，買い物や旅行に行く，など。ただこのやり方の欠点としては問題を直視せずにお酒におぼれたり，周囲に当たり散らすなどの逃避的な行動になる恐れがあるということがある。

3) コーピング力を増すために自覚したい能力
筆者の経験である。あることで悩み先輩に相談したら，「"水に流す力"がないといつまでも引きずるよ」といわれ，そんな力があるのかとハッとしたことがあった。人の貧乏ゆすりも「集中力を切らさない力」だと思えば不快にならなくなった。このように心の力を具体的に能力に置き換えて自覚し意識することでストレスが低減するのである。自覚型コーピングともいえる。以下に精神科医の中井（2013）の勧める心の能力をもとに，自分の中にあるこれらの自覚したい能力をあげてみる。

①いくつもの自分と他者を受け入れる能力

人の顔は人間関係の数だけある。相手や場によって異なる顔が現れるのが当たり前，職場での自分と休日の自分は異なるのが自然である。そのどれもが自分であると受け入れ，他者に対応し，無理なく過ごすことが健康である。

②両義性（多義性）・両価性（アンビバレンツ）に耐える能力

ものごとにはいくつもの面があることを受け入れる能力。子どものうちは，親や教師の欠点や矛盾を許せないが，徐々にその人の一面として許すことができるようになる。娘の結婚は男親にとってうれしいけれどさびしくて悲しいという葛藤のあるものとよくいわれるが，それに耐えなければならないのだ。

③二重拘束（ダブルバインド）に耐える能力

ダブルバインドとは，言葉と非言語とのメッセージが互いに矛盾するようなパターンのコミュニケーション様式を指す。例えば学校では自発性をもてと言いながら，一方で，規則を守るよう指導される。このとき，従順に規則を守れるのが，二重拘束への耐性である。さらに「いい加減」にせよというトリプルバインドもあるかもしれない。

④可逆的に退行する能力

自立から依存へと成長過程を逆行すること。赤ちゃん返りなどの逆行もいちがいに悪いとはいえない。睡眠は人間精神のもっとも原始的な状態で一種の退行である。睡眠中にストレスが癒されエネルギーが回復する。一時的な退行は健康維持にとって必要なものなのである。ばか騒ぎやはしゃぐなどもこれにあたる。

⑤問題を局地化する能力

一般化の反対。「たまたま間違った」のであり「だから私はだめなんだ」と一般化しないのが健康。「それはたまたまだ」と思うのがコツである。

⑥未解決のまま保持できる能力

すぐに解決できないことや，わかっていてもどうにもならないことが世の中にはある。その不全感（あいまいさ）に耐えて待つことができる力。「なんくるないさ」の精神や「楽観主義」がこれにあたる。

⑦いやなことができる能力

同時にいやなことは自然に後まわしにできる能力。いざとなったら不快に耐えながらいやなことができる力。いやなことはいやと感じ，かつそれができる能力。

⑧ひとりでいられる能力

孤独に耐える能力と誰かが側にいても自分自身のことに没頭できる能力。自分より他人を優先して，人から「よく気がつく」「思いやりのある」と言われる

人ほど，この能力に乏しく，「人疲れ」する場合がある。

⑨秘密を話さないでもこたえる能力，うそをつく能力

大人になるとは親や周囲に対して自分だけの秘密をもつことである。これは親や人を信頼していないということではない。

⑩いい加減で手を打つ能力，「まっ，いいか」と思える能力

常に完璧は無理である。

⑪疲れ（身体感覚）を意識できる能力

疲れを感じないと極限までがんばり，心身の健康を損なう。どのくらい自分に余裕があるかを感じ取ることが大事。

⑫独り言をいう能力，夢みる能力

独り言とは自分と対話することである。それによって問題が整理される。私たちは独り言でいろいろ途方もないことを考えては崩すということをしている。いわば夢（妄想）慣れしている。特定の夢（妄想）にとらわれると不調になる。

(2) 森田のコーピング理論

筆者は前項で説明した2つのコーピング（問題解決型コーピング，情緒志向型コーピング）に加えて第3のコーピングとして，あえて解決を図らずに「あるがまま」にしておく対処法を勧めている。森田療法に依拠しているのでこれを**「あるがままコーピング」**と名付けている。もっとも日本の風土と日本の文化・伝統にあった対処法である。その解説には難解な用語も使われているがぜひ身につけたい心理的負荷に対する対処方法である。

「森田療法」は森田正馬（1874-1938）の創始した心理療法で，神経症患者にこころの健康を取り戻させるものである。日本の風土にあったものとはいえ，日本のみならず，中国，カナダ，アメリカ，ヨーロッパでも実践されている。その特質は，こころの健康科学領域において幅広い応用の可能性を内包している点である。

石山（2005）はカナダでカウンセリングを実践しながら，以下にあげる森田療法の7つのモデルとしての可能性を述べている。

①精神医学モデル

②臨床相談モデル

③自助学習モデル
④精神衛生教育モデル
⑤学校教育モデル
⑥家庭教育モデル
⑦人生哲学モデル

　森田自身，自分の精神病理説が「およそ病気という病気に，もっとも広い関係をもっている」ととらえており，メンタルヘルスや感情のマネジメントの面からも森田療法（以下，森田理論・森田心理学と呼ぶ）を学習する効果の裾野の広さが認められる。

　「森田心理学」という術語は今のところない。しかしながら森田療法という「神経質症」の治療に効果のあるこのセラピーの体系は，森田正馬という学術者がつくり上げた，一大心理学の体系といえる。彼の理論の真骨頂は，書斎的学者でなく実際の患者と格闘したなかからつくり上げた「庶民的・実践的な臨床の知にあふれた理論」である点である。この森田心理学を一般の人たちにわかりやすいようにまとめる必要性を筆者は痛感している。ここでは日本を代表する心理療法である森田療法の「あるがまま」が提案する健康な心構えについて考えてみたい。自分のライフ・スタイルを考える上で大きな示唆を得るものとなるだろう。

1) 健康な心的態度—「あるがまま」とは

　日本独自の精神の健康法でもある森田療法ではその治療目標を「あるがまま」という（田代 2001）。これは「ある」と「まま」の合成語である。「ある」とは「物事や生物などが存在する」，「まま」とは「動き変化に追従して」「そのとおりに任せて」「その人の思うまま，心のまま」「（放任する気持ちをこめて）勝手であるさま」とある（『国語大辞典』1981）。合成すると「あるがまま」とは「存在の勝手であるさま」「存在の思うまま」「存在し放題」といえる。

　では「ある」とは何がどのようにあるのだろうか。また「まま」とはそれがどのような状態にあるものだろうか。心理学的にいうと「存在に対する無条件の全面肯定」といえる。臨床の場では「受容」を語るときに必要となる概念である。人間という「存在の受容」なしにカウンセリングは語れないからである。

「存在の受容」とは存在していることそのままの尊厳の保障であるから，命の尊厳，人権の尊厳，自由と責任を生きる独立した人格を相互に認めることとなる。
　世界は東洋と西洋というように簡単に2つには分けられないが，対照的に極端化することで本質が見えてくることもある。東西での自然観の相違はよくいわれる。西洋の得意とする理性と論理で自然を征服しようとする態度からは恐らくここで取り扱う「あるがまま」は出てこないだろう。やはり自然と調和していこうとする東洋的な日本文化から出てくる独特の心理的構えである。「全体と部分のとらえ方」の違いといえる。

2)「あるがまま」という認知的枠組みの構造
　以下では，『森田正馬全集　第5巻　形外会・合計66回の全記録』(1975, 白揚社)より「あるがまま」に関連する言葉をABCDの四群に分け，解説していく。それぞれに反対方向があるので8つの枠組みがあることになる。

　A. 従順─柳型　　さからわない。はからわない[3]。現実をみつめるのみ。こころの事実に従う。そのまま。服従。
　「対象(存在)に従順」と「自己(認識)に従順」の2方向がある。
　対象(存在)に従順　　対象を自己の意見や考えと切り離してとらえる。森田の好んで書いた色紙のことばに**「事実唯真」**がある。事実は事実ありのままにとらえて，勝手な思惟を施さないことである。対象を自己の認識のくせのま

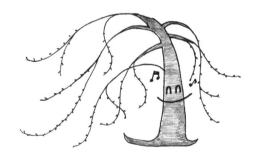

---
　3) はからい：小細工を弄すること。森田療法では，はからいのない心を「純な心」と呼ぶ。

まにとらえない心的態度を形成するために自己を関与させない工夫である。客観的な記事を書くように新聞記者が訓練をうける，「事実」と「意見」の違いのように，「事実」はただ事実としてそこにあるというのである。この「事実」に該当する類似の言葉を森田の表現から拾うと「現実」「法則」「境遇」「刺激」「自然」「自分自身」「心の波」「心の事実」などがあげられる。対象というよりそこにただあるだけでどうしようもないことで，右往左往する必要のないものである。

　例えば，嫌な人がいたら顔を合わせないように工夫する。それができないときはその人の存在をそのままにしておく，放っておくのである。例はあまり美しくはないけれど，家の前にある，犬のうんちをそのまま放っておくのである。どうせひからびるか風化する。あるいは車にひかれるか，いろんな人の靴底についてなくなるのである。要するに時間が解決するという昔ながらのストレス対処の王道である。家の前においてそうなのだから，まして東京のどこかにあるかもしれない，犬のうんちなどには関心を払わないようにする。それを「汚いなー」とブツブツ言いながら片付けると，また汚れている。その繰り返しでストレスがたまっていくのである。そうではなく，うんちとけんかしないのである。またわざわざ，東京のどこにあるかもわからないうんち掃除にいかないのもこの場合の「**境遇に従順**」ということである。みなが東京まで掃除に行っていると思い込んでこだわるのは，対象に従順でないことになる。

　例えば「課長はこうあるべき」と自分は思うけれども，これに従わない課長もいる。この従わない課長というのが，目前の事実であり現実である。これと喧嘩しないことである。この対象化しないというやり方の真実は音楽家の感性がよくとらえている。以下は森山直太朗の歌である。

　　うんこ（森山直太朗・御徒町凧　作詞・作曲）

　　さっきまで体の中にいたのに
　　出てきた途端
　　いきなり嫌われるなんて
　　やっぱりお前はうんこだな

うんちも自分の一部であるときは汚くない。これを客観的に対象化して認識するから汚いのである。自分の中にあるときは汚くない。事象をそのまま，ありのままにとらえて喧嘩しないことを「境遇に従順なれ」というのである。

自己（認識）に従順　対象によって起きた自己の反応をそのままに認め放置する。森田は色紙によく「**心は万鏡に随って転ず**」と書いていた。対象に随う鏡のように自己省察そのままの感じを加工せずにそのまま反映する。森田（1975）は，こころが自然の流れに従うときのこころの態度として「自分の分相応の事」「白紙のような自然の心」「純なる心」「純情」「真の平常心」などをあげている。つまり対象と距離をとり，静かに観照したり，決してこちらからは関わらない，力をかけない態度を身につけるようにしむけるのである。その工夫として「素直に波にのって静かに泳ぐ」「感じと理知との自然の状態」「知らぬふりして放ったらかしておく」「当然の事とせよ」「観念，空想のこだわりを離れて自由自在になる」「抵抗しない」「ただ感心してえらいなぁと，あこがれ，あやかっていればいつしか」「クラゲの生活のように」「感情はそのままでよい」などと表現したのである（森田 1975）。

　自己認識そのままの「従順」を体得すれば，不思議ではあるが気の使い方が主体性と集中力を帯びてくる。なぜなら，自己の責任の範囲が明確になる。どうにもならないものは放置し，左右されないので真に効果的な行動ができるようになる。この，行動に移すときの気合を「初発の感情をとらえて動く」と表現している。最初に「感じた・考えた」（この2つは分かれて起こるものではないだろうが）ことに従って即行動に移す訓練である。例えば，高齢者が電車に乗ってきた。自分は座っているが，他に席は空いていない。そんな状況での最初の思いは「席を譲ろうかな」である。ここですぐに行動を起こせば，気軽に席を譲ることができ，物事が進展していく。ところが「席を譲ろうか」の後に「断られるかもしれない」「年寄りと馬鹿にするなと怒り出すかもしれない」「次の駅でおりるかもしれない」というように，「念を重ねる」という，過去の学習と照合した思い込みの更新をはかるともう動けない。ついには「寝たふりをしよう」となり最後まで動けないのである。いわゆる考えすぎて行動ができないのである。

非 A．固執─非柳型　　はからう。さからう。とらわれる。拒む。固定。ふさぐ。執着する。

「従順」の反対であるから，同様に「対象（存在）に固執」と「自己（認識）に固執」の 2 方向がある。

対象（存在）に固執　　いつもそのことが頭を離れない。そのことを異常とみなすためか，たえず「打ち勝ちたい」「忘れよう」「気にしまい」とそのことを気に病んでいる。そうすればするほどまたとらわれるのである。流れていない，よどみのイメージである。「固定」「固着」。ストレスをため込む人は，対象に巻き込まれることが多い。職場の人間関係を仕事が終わっても引きずって家に帰ってしまう。寝床についても気にかかる人の存在とイメージが思い浮かぶのである。緊張が続き気の休まるときがなくなりついには身体にまで影響が及び心身症になることもある。

自己（認識）に固執　　森田は「頑固な患者」の治りが悪いのは，自分の考えや感じに執着するからであるとしている。「苦痛回避の野心」「理知のこねまわし」というように，さからったり，はからったり，あるいは，「こころの動かない」という，「すましこんだ人間」を指している。森田が「自分がほめられたいという，極めて単純なる自我的な人間」と表現しているように，自分の認識にこだわるのである。対人関係における偏見もこの一つである。思考や感じ方のステレオタイプ，「型紙」的である。私の失敗例をいうと，「いずれ親と同居するのだから，早く仲良くなるのがよい。初孫の長男の出産は私の実家でしなさい」と妻に私の実家で出産してもらった。妻は初めての出産で不安なのにわがままも言えず，気兼ねする環境で大変だったと後で述懐した。嫁姑はそんなことでは仲良くはならないのだと後で痛感した。初産は自分の実家で行うのが一般の伝統である。昔の人の伝えてきた習わしにはそれぞれの深い意味がある。それを浅知恵と思い込みという自分の理知でこねまわすことが一番まずいのである。

B．忍受─冬の松型（寒青）　　我慢する。かじりつく。不問。自覚する。愚痴を言わない。

俳優の高倉健（2003）は腕時計の裏ぶたに「寒青（かんせい）」と彫ってもらっていた。

その意味を次のように述べた。「凍てつく風雪の中で，木も草も枯れ果てているのに松だけは青々と生きている。一生のうち，どんなに厳しい中にあっても，自分は，この松のように，青々と，そして活き活きと人を愛し，信じ，触れ合い，楽しませるようにありたい。そんなふうに生きていけたら」。なかなかこの高倉健さんのようにはいかないが，忍耐することは大事である。

　森田は神経症（現在では不安障害や気分障害などと分類される）の症状については，患者に症状のつらさを口にしないように指導していた。「もう言わぬことです。言うことを止めればピタリと治る」とした。これを「不問」と呼んだ。だから森田療法は「**不問療法**」とも呼ばれる。我慢させるのである。「迷いながらかじりついていなさい」。悪い感情は「これをそのまま抑えて自然に消滅させる」のである。従順とは違う。気持ちを流すのでなく，気持ちを我慢して，その場をもちこたえるのである。近年，若い人の離職率の高さがいわれる。「金という字は，人には心棒（辛抱）第一と書く」と昔の人は戒めてきたのだが，その辛抱が足りない。「嫌ならやめる」では自己を鍛えられないのである。辛抱の第一歩は「愚痴を口にしない」ことである。発した言葉には，力がある。自分の耳から入り自己の認識システムに影響を与える。耳の知覚は誰が言ったかにかかわらず大脳に情報を流す働きがあると考えた方がよい。日本にある伝統的な「言霊思想」はその部分を伝えたものである。

　言わなければ，態度，行動も我慢強くなる。気に入らない上司に，我慢してニコニコ挨拶をする。そのうちその気分の良さに相手も引き込まれ，時をかせ

げばこちらの気に入るような言動を見せる時が来る。するとこちらも「この上司もまんざら悪いばかりではない」と認識が変化する。そして人間関係が変化していくのである。「がまん」という言葉を呪文のようにつぶやいてみる。「がまん・がまん・が・まんが・まんが」，我慢が「漫画」になる。耐えていれば新しい感情と関係性が生まれてくる。「辛抱」することでこころの真中にしっかりとした「心棒」が建ち，ストレスにタフな自分ができあがるのではあるまいか。

非 B. 愚痴を言う―非冬の松型　　自己弁護をする。自分の都合しか考えない。

愚痴をクドクド言えば言うほど，先ほどの「**固執**」と似通った心的状態となる。愚痴は自己弁護となり自分の都合からしか物事がとらえられないので不満感が増大する。森田は「いたずらに欲望と恐怖との二途に迷う」とした。つまり「葛藤の恐怖を否定し，あるいは欲望を捨てようと工夫する」ことを間違った修養であるとした。できないことをやろうとしているのでイライラ感や不満がたまり，どうしても騒ぎ立てたくなる。人に認められたいとの心情は否定しがたい欲望である。だからこそ，認められずに終わるという恐怖感は大きい。それを紛らわしごまかすためにジタバタ文句を言う。森田（1975）はこの態度の基本に「自分ひとりが特別に苦しくて，他の人は皆平気であるという風に考える」という「**差別観**」があるとした。みんなも大変なんだ，自分だけが苦しいのではない，という「**平等観**」が育つと愚痴や文句を言わなくなるとしたのである。

C. なりきる―カメレオン型　　適応する。調節。上手に受け入れてばける。

森田の心構えの指導でもっともユニークさを感じるのはこの「**なりきる**」である。「物そのものになる」「我そのものになる」「生命の躍動そのものになる」その折々の心的状態のそのままの面と，目前の事，物に乗り移りの形でなりきる面の2つの「なりきる」を勧めるのである。生き方の幸せを示す"遊戯三昧"の三昧は「なりきっている」ととらえている。苦痛そのままになっていれば相対でなく絶対だから苦痛でないという。森田は神経症にならない普通の人

　は，当然のことは当然として何ともいわない．その状態と態度を「事そのこと，物そのものになりきる」としたのである．なりきるとは対象として見ないということである．不安そのもの，恐怖そのものになると不安・恐怖はなくなる．

　主体性の喪失，自我の没却，ともいえるこの考え方はすこぶる仏教的である．無我と主体性について仏教学者の上田（1989）は修行を目指す菩薩は一切のものを見ない．つまり行の最初は何も見ない．そのところに達したときものの本性に達したとしている．それは**対象のない智**である．悟りの境地である．

　普通の知は何かについての知である．何かを知るのが知識であるが，仏教での行的な智はこれとは違う．「対象的に知る知を否定するものとして働く．智はすべて『もの』を対象として，知るのではなく『もの』をそれ自身から智る」としている．「対象のない智」とは西洋の知的学習になじんでいる私たちには理解しにくい．それは「有る・無し」を基盤とする西洋哲学にない「空」の概念理解が求められるからである．上田も引用している鈴木大拙（1976）はこのことを次のように表現している．「直観にはまだ対象がある．さとりは対象のない感覚である．般若哲学でいう『色不異空，空不異色』，『色』そのもの，あるいは『空』そのもののうちからでる自己同一の感覚である．普通の感覚でない．（中略）『色』という限定が『空』という無限定に融け込むところ，これと同時に，『空』が自分自身を『色』という限定に映じているところ，ここに悟りという無媒介の感覚が可能になる」としている．

　このように対象認識の方法，つまり「知るものと知られるものとの関係」についてユニークなのは大乗仏教の「唯識論」である．上田（1989）はわかりやすくこのあたりをのべている．

　「普通にわれわれが自分自身を知るという場合は，反省作用によって自分というものを対象化して，いわば意識面に自分を投射して，それを知るから，知

る我れと知られる我れとに分かれる。この反省作用によって知られる我れは，いうまでもなく我れそのもの（我れの全体）ではなくてその一部であるが，それも実在するままの我れの一部ではなくて反省作用によって観念化された自分の一部である。生きている我れ自身，すなわち実在するままの我れ自身は，その反省作用を行い，対象化された我れを思惟している主体そのものである。そういう主体そのものは反省作用によって捉えることは不可能である。（中略）従ってわれわれが実在するままの我れを把握しようと望むならば，反省作用によってではなく，別の方法によらねばならない。その方法は主体を対象化したり概念化したりすることなく，主体のままに捉えることのできるものでなければならない。唯識無境というところに立っている無分別智は，それができる智である。これが「唯識」と呼ばれるものである。」

　ここでいわれている「主体を対象化したり概念化したりすることなく，主体のままに捉える」というのが「あるがまま」であり，この部分の実践を森田は「なりきる」と表現したのである。神経症の症状は，本来自分に備わるものを対象化したところから発症したのである。これをもとにもどす，つまり自分と分けて認識しないということを体得するためには「なりきる」ことが必要なのである。たとえば不安になりきるとき，不安を消したいという「欲望と恐怖との調和ができて症状がなくなる」体験をすることができるのである。

　また，これは不安を自覚するということでもある。自覚とは「自己を正しく如実に認める」こと。自分の心の真実を認めるのみと覚悟することである。「仕方がない。往生する」ことである。覚悟とは「おのおのそれ相当の応報，結果を受ける」と決めることである。「卑怯とごまかし」をせず「姑息なやりくりを止めて，まかせきって絶対絶命になった場合」に森田は神経症が治るとした。雨の日は濡れるもの，冬は寒いというのを「当然とする」「仕方ないとする」のである。「往生する」というのは現代人になじまないが同じ心理状態である。本来仏教用語であり，「現世を去って他の仏の浄土に生まれること」と解されるのが一般である。転じて「すっかりあきらめること」「どうにもしょうがなくなって困ること」との意味がある。徹底して困り，まったくもってあきらめることであるがそのおかげでまったく新しい世界が開けるというプラスの方向性をもった言葉である。

森田療法の実践者が,「あるがままは,あきらめとは違う」と繰り返しいうのは,この,あきらめにはない覚悟の強さと新展開への光明のある点を表現していると思われる。

「自分は自分であるより他に仕方がないという心持ち」をもったときに,また「生活のためだから仕方がないと覚悟した」ときに不潔恐怖の洗浄強迫行為から解放されたという,筆者の聴いた事例がある。不潔恐怖がもとで解雇を言い渡されたその男性は,生計維持のために,カラオケ店に勤めることになり,もっとも嫌だった人の手垢や口紅に汚れたコップを扱う羽目になる。家族の生活のためと覚悟して働くうちに,いつしかそのとらわれから解放されていくのである。このような転機を森田は「絶体絶命になった時に初めて起こるものです。せっぱつまること」としたのである。

「諦観」——上手なあきらめ,超然としていること——は日本人になじみ深い態度である。自然災害のニュース映像をテレビで見ていて,台風災害にあった日本人の表情とハリケーン被害にあった米国人の表情の違いに気づくことがあった。日本人の「しかたがないですね」という表情に時にさばさばした感じと明るさがあるのは,ここからまた人生をはじめようという,誰のせいにするわけにもいかない自然の力を受け入れたあとの,「やるしかない」という復興を覚悟できた晴れやかに近い心境かと思われるがどうだろうか。

非C．あきらめが悪い―非カメレオン型　　決断力がない。自己弁護しようとする。自分を欺く。思考の遊戯をする。

小理屈をこねて自己弁護をしてなかなか素直に「困らない」人がいる。森田はこれを「自分を欺いて,強いて我と我が心を慰めている」として強く指導した。「いわれた文句と自分の都合ばかりを考える」自己中心性を改めるように迫ったのである。

D．突入―ライオン型　　突入,攻撃,切り開く,開放してゆく。

乗り物恐怖の人に,とにかく思いきって乗り物に乗るように励ます。恐怖の中に突入する要領でいくように指導するのである。この「**恐怖突入**」というのは「恐怖は恐怖そのままに欲望にむかって突進する」「**決意断行**」ということ。

あるがままのもっとも積極的な面，あるがままに含まれる概念でもっとも気づきにくい概念である。

　森田療法の特徴の一つは「**欲望の是認**」である。「日常生活の欲望に向かって心を開いてゆく」ことを勧めている。「あれもしたい，これも捨て置けない」という欲求のままに寸暇を惜しんで生活しなさいというのである。つまり「欲望のあるがまま」というとわかりやすいかもしれない。向上心の強いのが森田神経質であるとされてきた。その向上心のままに「一心不乱に」努力するように自分を励ますのである。「見つめよ，逃げるな」。とにかく実行力を求める。「修養はともかく実行である」から「そのままに押し通す」のである。それが「己の性を尽くす」ことであり「自然本来の性能が発揮される」のである。

　よく研究者が研究に熱心のあまり他のことが目に入らないし，気にならないエピソードがある。「ただ仕事の工夫にのみ没頭する」態度を身体で修得させるのに適しているのが「作業」である。それもいい加減でなく工夫一途に「一心不乱に困難に直面して全力を尽くす」。

　つまり往生するだけではだめでそこから動き始めることを森田は強調したのである。「絶体絶命だけではただ行き詰るだけでまだ治らぬ。そこから心の流転が始まった時に治る」だから「ともかくも手を出す」「静かにこれを見つめて，しかたなく思い切ってこれを実行する」「修養はともかく実行である」「そのままに押し通せばよい」すなわち「捨て鉢気分，この反抗の態度はもっとも軽便な手段である」としたのである。臆病な患者を激励して森田は「葛藤が大きくてその苦痛を押し切っていくのが立派な人，偉い人」としたのである。

　「一度絶体絶命を突破すると，心の流転は限りなく進行する」ものである。結果的に「我を捨てるのではなく，自我を発揮する」結果となる。暗くなりがちな心理療法にあって「運命を切り開く」「欲望に向かって心を開く」「希望に満

ちた努力ということが現れる」という森田療法の明るい印象はこの一面からくるものだと思われる。

非D. 逃避する—非ライオン型　　回避する。閉じこもる。逃げ込む。

例えば，飛行機には怖くて乗れないから仕事をキャンセルする。吃音があるから結婚式のスピーチは断る。このように生活自体が充実や発展とは反対の方向に向かう。様々な不安症状を理由に現実からの逃避を試みることになってしまう。

4. 成熟した成人とは—あるがままと認知行動療法

水谷（1967）は森田療法による「あるがまま」の生活態度を身につけた人の姿をそれまでの神経質者との関わりの経験と観察からまとめている（表7-1）。

どの項目も，自己を観念的に過大視しないでみな平等に生きていこうという健康な自己愛がうかがえる内容である。ただし，時代が古く，内的な心構えを表現しているのでどうしても表現が難解であり，平易な現代表現に置き換え

表7-1　あるがままを身につけた人の態度と行動

(1) 事実本位に生活するようになり，いたずらに喜怒哀楽の感情に支配されたり，観念にとらわれたりすることがなくなる。
(2) 自由無碍，広大無辺の心のはたらきが得られる。
(3) 平等観が生まれ，犠牲心が発動する。
(4) 是非善悪を超越した境地がわかる。
(5) 今までの自分を劣等視していた人も，自分の長所が認められるようになる。
(6) 赤裸々な自分をそのまま，人前に投げ出すことができる。
(7) 現在になりきることができる。
(8) 正しい自覚が得られ，自己の本心がわかるようになる。
(9) 正しい人生観，あるいは真の信仰に目覚めることができる。
(10) ほんとうの懺悔の心が生じ，人間らしい人間になることができる。
(11) つけ焼き刃でない，真の勇気が生まれる。
(12) ひねくれた人も素直になり，自然の人情があらわれる。
(13) ものの見方が一面的にかたよらず，したがって正しい認識ができるようになる。

ていく必要性があると考えられる。しかし逆に抽象的な難解な語句でないと表せない態度行動もあるので，そのバランスが難しい。

　現在，自己愛に障害にある人の考え方を是正させることを試みて効果をあげているのは認知行動療法のアプローチである。自己愛パーソナリティ障害の回復過程で新しくもつほうがよい信念体系が考え出されている（表7-2；ベック1990）。これらは森田理論と重なる項目も多いことに気がつくだろうか。

　対人恐怖の病理について岡野（2002）は「彼らは極度に理想化された自己イメージと過度に卑下された自己イメージとの間を揺れ動き，けっしてその中間の自己イメージに安定することができないかのようです」としている。すなわち，どちらかにしがみつこうとしたり，否定しようとしたりすることによって病理は深まるのであり，あるがままであれば調和を保つことができるのである。したがって，いかに我執の病理（我に執着した生き方）から解放し，現実感覚をもった「あるがままの自己を体験させることができるか」が健康な自己愛への発達支援，幸せな人生を過ごす中核なのである。

表7-2　新しい信念（ベック1990）

(1) 平凡であれ。平凡なことは大きな喜びとなりうる。
(2) 人と同じ様に，人間的に生きることは可能だ。しかも独自性を残したままで。
(3) チームプレイをすると報われる。
(4) いつももっとよくならねばではなく，人と同じでよい。そこに喜びがある。
(5) いつもはみ出た人間でなく，仲間の一人になることを選ぼう。
(6) 一時の賞賛より，他人から長く尊敬されることを目指そう。
(7) 自分だけでなく他の人も大切な要望や意見をもっている。
(8) 同僚は単なる競争相手ではなく，頼みになる存在だ。
(9) 他人の意見は正しく役に立つ。それを破壊的と思うから，破壊的なのだ。
(10) 誰一人として私に何の借りもない。
(11) 誇大的な空想にふけるより，現実を見据えるほうが健康的だ。
(12) 生きて幸福を味わうのに，全ての人からいつも注目や賞賛を得る必要はまったくない。
(13) 人の優劣は価値判断であり，いつでも変わりうるものだ。
(14) 人はすべて欠点をもっている。
(15) 誰もが何か秀でたものをもっている。
(16) 自分の気分に責任をもつようにしよう。人の評価によって気分を左右されるなら，評価に頼っていることになり，制御不能になってしまう。

8章 老年期

1. 老年期の危機

　コフートによれば，人は生涯にわたって自己愛の健康性を保ち向上させるために，これを充電してくれる「健康な自己対象」を求め続けなければならない。人間発達の大きな節目には健康な自己愛を保つことが困難なだけに，自己対象は，より重要性を増すと考えられる。コフートの自己愛研究における業績は卓越しているが，彼がし残した仕事として彼自身は次のように述べている。「しなければならない多くのことがまだ残っている。例えば，青年と老人のそれぞれに特別な自己対象欲求を探求することを我々は必要としている」（コフート 1995）。コフートが指摘するように，青年期と老年期は発達の大きな節目であり，前者はパーソナリティの，後者は人生の一応の完成を目前として統合とまとまりが望まれる時期である。それだけに不安と混乱と挫折を招きやすくなり，健康的な自己愛は阻害されやすい。

　高齢化する現代日本の抱える問題を見るにつけ，この老年期の健康性を支援する自己対象体験を詳細に検討する必要性は今後ますます大きくなっていくと考えられる。

[1] 自己対象がなくなってゆく危機——なぜ無縁社会と呼ばれるのか

　縁とは，「①ふち（縁側）②たどる（由縁）③つながり（縁者）④原因をたすけて結果を生じさせる条件・間接の原因（因縁）」（『日本語大辞典』1989）を意味する。

　無縁社会とは「単身所帯が増え，人と人との関係の希薄となりつつある日本社会の一面を言い表したもの」（NHK取材班 2010）である。具体的には「血縁・地縁・社縁の希薄化」が指摘された。「血縁」希薄化の原因は離婚率・未

婚率の上昇。その結果家族，親族そのものが少なくなってきている。また出生率の低下によりきょうだい数の減少などがあるとされる。「地縁」低下の現状では町内会，自治会への参加頻度は少なくなり都市部では参加しない人が主流。近所付き合いも同様である。また職住が分離したサラリーマンの増加（1955年43.5％が2006年85.7％）。その結果，労働と通勤時間の増加で地域活動は困難，地域への愛着は希薄になった。また「社縁」については企業の低成長，不況による「企業福祉」（社宅や寮，託児や育児休暇などの企業独自に行う福祉サービス）の低下やリストラによる会社への忠誠心や信頼感の喪失，終身雇用や年功序列の企業風土の変化などによりこの「社縁」も希薄化していった。このような経緯で「無縁社会」なる言葉が真実味を帯びてきたのである。

[2] 無縁社会を有縁社会へ

　新たな自己対象を確保するには「縁」の再考が必要である。「血縁・地縁・社縁」に代わる新しい縁を考える取り組みが考えられる。たとえば「他人と一緒に暮らす」（コレクティブ・ハウジング）。コストの面からも経済的であり，孤独感の低減は大きい。交代で食事をつくるなど協働して生活するやり方で，孤独感から解放される。しかし一方で一人暮らしを望んでいる人もいる。よく考えれば「無縁」ということはありえない。生きていく以上，誰かと縁せざるを得ない。「無縁である」と指摘された際に，何が問題であるのかを掘り下げて考えることが重要である。「世代間の絆を再構築する」などの視点を置くのも一つの工夫である。様々な観点から，解決の糸口をみつけることが求められる。

　ネット社会の広がりによって人のつながりは大きく変化してきた。今「縁とは何か」という「縁の本質」が問われているのではないだろうか。例えば，東洋の人間観（大乗仏教）から「縁」を考えると様々なことがわかる。仏教の「縁起・相依」の考え方[4]などを参考にこの問題を考えてみるのもよい。

　私と他者は個別に存在しているのではなくつながっている。例えば前章で述べたように神経症の症状は，本来自分に備わるものを対象化したところから発

4）「縁起・相依」の考え方：すべての存在は自己のみで存在せず，他のものに縁って存在する。子がなければ母はなく，母がなければ子はない。主客対立の転換。

1. 老年期の危機　101

表8-1　対象認識の方法が違う2つの世界の対比

	科学の世界	関係性（縁）の世界
たとえ	右手＋左手＝両手 1 ＋ 1 ＝ 2	右手＋左手＝音・熱（空） 1 ＋ 1 ＝ 0
移項	1　　　＝ 2－1	1　　　＝ 0－1
結果	1 ＝ 1（主観と客観は対立）	1 ＝ －1（客観と主観が一致）
結論	A ＝ A（一般的な世間の論理）	A ＝非 A（大乗仏教・即非の論理）
例	不安は不安（損は損）	不安は安心でもある（損は得でもある）

症したのである。これをもとにもどす，つまり「分けて認識しない」を体得するためには「なりきる」という一心に行う体験が必要であった。たとえば不安になりきるとき，不安を消したいとは思わず「欲望と恐怖との調和ができて症状がなくなる」経験を積み重ねて「あるがまま」をさとることができるのである。

　自己を省察し他者を理解するにはこの方法がもっとも適切だと思われる。それは自己とは関係性の世界に立ち現れたものであるから，科学の世界で用いられる対象認識の方法ではとらえられないと考えられるからである。主観と客観の一致した認識が求められるのである。禅問答での有名な話「拍手した音は右手と左手どちらから出た音であるか？」はこのことを示す例である（表8-1）。主観と客観の一致する，あるがままの心的態度が自己を自覚すると他者の苦しみも喜びも我がことのように共感できるのである。

[3] アドラー心理学から「縁」を考える

　アドラーによれば人生の目標は，「**共同体感覚**（他者への関心 social interest）」の醸成と育成にある（6章2節参照）。そのもとになる健康で重要な人格の力は「共感する力」である。共感ができるためには，相手の関心に関心をもたなければならない。これが共同体感覚の基礎となるものである。アドラーは，「他の人の目で見て，他の人の耳で聞き，他の人の心で感じる」といっている（岸見 2006）。

　「共同体感覚」とは3つの側面からよく説明されるが，はっきりと領域に分かれるのではなく，これらの融合した感覚である。

①「私は共同体の一員だ」という感覚。「**所属感**」または所属している自分への肯定感であるから「私は私のことが好きだ」という「**自己受容感**」ともいえる。

②「共同体は私のために役立ってくれるんだ」という感覚。「**信頼感**」といえる。

③「私は共同体のために役立つことができる」という感覚。「**貢献感**」といえる。

筆者は狂信的な集団も以上の感覚を得ている可能性を懸念して以下の第4の側面を付け加えたい。

④「私は平和と非暴力を求める人間だ」という「**人権感覚**」。

老年期になっても以上の4つの感覚を失わないように人的・物的な環境を整備することに関心を払うことが望まれる。

この実現には「支援を必要としている人が幸せな社会」「誰もが等しく人生を謳歌できる社会」を目指すことである。支援の必要な人とは、子ども、高齢者、ハンディを抱える人たち、歴史的に差別されてきた人たち（女性も含まれる）。弱い立場に置かれた人たちである（近年の貧困などの格差もここに入る）。またヒトだけではない。さまざまな「イノチ」が地域にはある。それらが協同して元気に幸せに生きる地域の実現を目指したい。それが「平和」と「幸せな人間関係」の実現である。平和とは「暴力の不在」「無力化の不在」、それは「対話の文化」の創出から始まる。それには「平等・対等観」（ヨコの関係）と感情の理解が必要である。

2. 幸せな人間関係を求めて

[1] 人生の最終章で気をつけたいこと

老年期に幸せな人間関係と対話を実現するには、話を受ける側の「聴く」という態度と姿勢が大切であることはすでに述べた。それには対話での「最初の一言」に気をつけたい。「肯定的な受容の一言」（例えば「なるほど」「そうなんですね」「確かに」など）を口ぐせにする心構えが必要である。自分の**価値観**（人生の旗印）をいったん置く話し方を心掛けたい。「そんな考え方もあるんで

すね」の口ぐせを身につけると対話が促進される。また老年期の人間関係はアドラーのいう「対等・ヨコの人間関係」が望ましい。「昔，現役のころに大きな会社の管理職だった」などを引き合いに出してはいけない。地域の関係はみな，横並びの対等な関係であることを自覚することである。それには表8-2に野田（1994）が整理したようなアドラーの考え方を参考にしたいものである。

表8-2 良い人間関係とは（野田 1994）

アドラー心理学の考え方	旧来の考え方
尊敬 相手の状態や行動とはかかわりなく無条件に相手を尊敬し，常に礼節をもって接する。	尊重 相手の地位や能力を評価し，自分より優れていると判断したときだけ尊重し，劣っていると見るとぞんざいに扱う。
信頼 基本的に相手を信じ，常に相手の行動の背後にある善意をみつけようとする。相手には能力があると見なす。	信用 基本的には相手を信じないで，常に相手の行動を見て，それによって信用するかどうか決める。相手の能力を疑う。
協力 原則としては，頼まれないかぎり，相手の人生には口や手を出さない。頼まれればできるだけ援助する。	保護・干渉 頼まれているかどうかにはかかわりなく，自分の判断で，相手の人生に手や口を出す。
共感 相手のおかれている状況，考え方，意図，関心などに，対等の人間として関心をもつ。	同情 自分は相手よりも上位にあると感じながら，相手の感情に対して感情的に反応して，連帯したつもりになる。
話し合い 調整の必要があれば，冷静に，理性的に話し合って，合意に達するように努める。	思いやり 言葉で話し合うよりも，暗黙に合意し合うことを重視し，相手にも自分の考えを察するように求める。
平等 各人の個性を認め，各人が自分の行動に責任をとって他者に迷惑をかけないかぎり，最大限の自由を認める。	無差別 全員一律でなければならないと信じ，個人の違いや好みを無視して，同じことをさせようとする。
寛容 自分の価値観は絶対的なものではないことを知り，他者をそれで測ることをせず，また，他者に自由を認める。	独善 自分の善悪良否の基準を絶対的なものだと思い込んで，他者をそれで測り，他者にそれを強要する。
主張的 感情的になることなく，冷静に主張すべきことを主張し，しかも相手を傷つけないように配慮する。	攻撃的または非主張的 感情的になって要求を通すか，あるいは，相手を傷つけないために要求をしないでおく。

[2] 感情の理解
(1)「怒り」の感情のマネジメント

　もっともマネジメントしにくい感情は「怒り」である。この感情を適切に処理することが望まれる。加齢によって自分の感情の抑制が難しくなることに注意したい。怒りに任せたコミュニケーションは必ず失敗する。「私が正しい」が怒りのもとである。正しさはその人にとっての正しさである。自分が正しく，相手が正しくないと考えると必ず腹が立つ。アドラー心理学では「感情使用論」を説く。感情は決して発散したり爆発するものではなく，ある目的を達成するための道具として使うという「感情道具論」といえる。この考えに従うと，私たちは感情をかなり知的に使っていることになる。怒りの感情は「支配する」目的で使われることが多いとされる。支配は非民主的だから，腹を立てたら自分が支配的にふるまっていると自覚したい。それぞれの正しさや意見があると考えたい。例えば，怒りの目的は以下の4つであるとされている。①支配する，②勝つ，③仕返しをする，④権利を守る。怒りを感じているとき，自分がどの目的で怒りの感情を使用しているか自覚したいものである。ほとんどが①であるとされる。

(2) 仲良く健康に，幸せに生きるコツ―「できること」「できないこと」を知る

　生きる上で悪い影響を与える感情に「不安」「怒り」「ゆううつ」（3大陰性感情と呼ばれる）がある。健康，幸せに生きるためには，これらの感情の扱いがポイントである。さらに「思い通りにできない3つ」（寺西 2007）を知っておきたい。
　①自分の感情を思い通りにすることはできない。
　②他人の感情・評価を思い通りにすることはできない。
　③現実を思い通りにすることはできない。
「できること3つ」とは，
　①不快な感情を受け入れること。
　②自分の限界を知ること。
　③目の前の現実の中でやるべきことをする。
　まとめて言えば，「できない3つ」を「受け入れること」。

感情への適切な対応とは「受け入れること」である。植西（2012）によれば，ある経営セミナーで講師が社長のタイプを，信長・秀吉・家康の「ホトトギスの歌」にたとえて紹介した後，出席していた日本の名経営者松下幸之助にあなたはどのタイプかと問うたという。松下の答えは以下の通り。

「鳴かぬなら　それも，またよし　ホトトギス」

感情は受容がポイントである。鳴くまで待ったとしても鳴かないホトトギスもいることも想定したい。思い通りにすることはできないのである。ホトトギスは鳴くものと決めないような受容する力が必要である。

3. 絶望の心理学―「自殺したい」と打ち明けられたら

老年期を迎える人たちにとって，年金や介護の心配など「生活への不安」は大きい。加えて自分の健康状態に悲観的となり，家族に「迷惑をかけたくない」と漏らすことも多くなる。最悪の場合，**希死念慮**（死の願望）の高まりから，自殺というケースに至る。高齢者から「死にたい」と言われたとき，われわれはどう対応したらいいのだろうか。

自殺研究で著作の多い，高橋（2011）や松本（2016）らの指摘に沿って絶望の心理を考えてみよう。まず，「誰でもいいから打ち明けたのではない」ことを肝に銘じておきたい。「死ぬ，死ぬ，という人は死なない」というのは広く信じられた誤解である。自殺者の大多数は，最後の行動に出る前に「特定の誰かを選んで」，気持ちを打ち明けている。しかし，自殺したいなどと打ち明けられたら，驚いて強い不安が湧き上がるのは当然である。その訴えを正面からしっかりと受け止められる人は少ない。

だからこそ，ぜひ覚えておくべきは，目の前の人は，誰でもよいから訴えているわけでなく，意識的・無意識的に特定の「誰か」を選びぬいて，絶望的な気持ちを打ち明けているということである。これまでの関係からこの人ならきっと，真剣に聞いてくれるはずだという必死の思いで打ち明けている。以下の心理と対応の心構えを知っておきたい。

[1] 生と死の間で激しく揺れ動いている

「理性的な自殺」「合理的な自殺」などが議論されるが机上の空論である。「自殺したい」という人の意思は100%固まっているのではなく,「死にたい」と「生きたい」という気持ちの間を激しく揺れ動いている。生と死の願望の激しいせめぎ合いの中で必死に闘っている。

「死にたい」という言葉には多くの意味が込められている。「苦しみや悩みを和らげてほしい」「私の話に耳を傾けてほしい」「本当の私をわかってほしい」「もう一度人生をやり直したい」「家族に迷惑をかけたくない」「不当な扱いをする社会に抗議したい」「最後まで見捨てないでほしい」など。それぞれの置かれた状況,人間関係で様々な意味がある。「自殺したい」と訴えていても,実は「助けてほしい」「自分の方を向いてほしい」という真剣な救いを求める声なき叫びをあげている。

「人には死ぬ権利がある」「大人が真剣に考えてのことだから自殺はとめられない」「死にたいのなら死なせたらよい」といった意見があるが,自殺の危険の高い人は生と死に対して両価的な感情を抱いていることを忘れてはならない。絶望的な気分を打ち明けて何とかしてもらいたいと必死になって訴えかけていることをまず理解する必要がある。

[2] 時間をかけて訴えを傾聴する

誰かが「自殺したい」と打ち明けたときは危機であると同時に,その悩みを受け止める絶好の機会である。忙しくてゆっくり時間を取れない場合でも,まずは話をしっかり聴こうとする態度が望まれる。どうしてもそのときに時間がとれない場合は「この仕事が終わったら必ず戻ってくるので,そのときにゆっくり話をしよう。それまで待っていてください」などと話しかけてこちらの絶対に話を聴くという姿勢を確実に示すこと。

自分の問題を言葉に出し,それを自身の耳で聞く。そしてそれに真剣に耳を傾けてくれる人がいると,徐々にその問題と自分との間に距離が生まれ,少しずつ冷静さ(余裕)を取り戻していく。解決には自殺しかないと思い込んでいたのに,少し角度を変えて問題と自身をみつめることもできるようになっていく。言葉は私たちが考える以上の働きをする。

こころは「質問」によって理解できる。「死にたい気持ちを評価するための質問スケール」（宮崎 2016）を①から順にきいて「いいえ」と回答されたらそこで終了する。この質問で「いいえ」が出てこない（⑥まで進んだ）場合や，死ぬ方法について具体的に考えており，かつ致死性の高い場合（例えばホームセンターで首をつるためのロープを購入したなど）には，ただちに精神科医への紹介を考慮すべきである（宮崎 2016）。
　①死んでしまったら楽だろうなあと思ったりしますか？
　②死ぬ方法について考えますか？　→考えているとすればどんな方法ですか？
　③遺書を書きましたか？
　④死ぬことばかり考えていますか？
　⑤実際に死のうとしていますか？
　⑥自分でそれらを止められそうにないですか？

[3] 沈黙の共有

　打ち明け方は大きく 2 通りある。堰を切ったように悩みを語る人と，もう一つはポツリと語った後，次の言葉が出てくるまでにひどく時間がかかる人がいる。後者の方が対応ははるかに難しい。まずは沈黙に耐えること。沈黙の時間を共有することが大切である。「沈黙」とは「あまりにもつらすぎて言葉にもできないという状態」である。そのときは「私は今あなたと一緒にここにいる」「あなたは一人っきりではない」という感覚・空気が伝わるように念ずる（共有する）。

[4] してはならないこと

　私たちは死の願望を打ち明けられたら，当然強い不安が湧き上がってくる。そのため一般的には，大慌てで話をそらそうとしたり，表面的な激励や，叱ったり，道徳的な考えを持ち出したりしがちである。しかしこのような態度は禁物である。例えば「命を大切に」「家族のことも考えて」などの誰にも反論できないようなありきたりの言葉をかけてしまいがちであるであるが，これは，がんの末期の人に「早くよくなって退院してください」などのおざなりの言葉を

かけるようなものである。そうするとその人は二度と胸の内を明かしてくれない。それどころか，自殺が決行される可能性が高まる危険がある。まずは本人の気持ちをしっかりと受け止めるべきである。

［5］したいこと
　悩みを理解する態度を示す。聴いているうちにいろいろな疑問が湧いてくる。しかしあまりにも性急に質問するのは控えたい。発したいのは，「それは本当に大変でしたね」「すっかり疲れてしまったように見えます」「とてもつらい思いをしているのですね」などの受容・共感を示す言葉である。また話を整理するように「……ということは，……というように感じているのですね」というような言葉で助け船を出すのもいい（明確化）。また一般に「自殺しない約束」は有効とされる。しかしそれを示す研究はない。ただそれによって自殺企図を踏みとどまらせた事例は多く報告されている。したがってこの約束は「それでも，もし自殺したくなったら必ず打ち明ける」という約束とセットにしてもらうべきである。

［6］十分に聴いた上で他の選択肢を示す
　自殺を考えるほどの問題だから，たった1回の対話で問題がスッキリ解決することはない。しかしこれが問題解決への糸口・第一歩であることを忘れてはならない。自殺の危険の高い人というのは，絶望感に圧倒されていて，残された唯一の解決策が自殺だという確信を抱いている。心理的視野狭窄に陥っている。それを十分な時間，ゆったりとした雰囲気の中で素直に自分の想いを話すうちに心に余裕がでてきて，他の選択肢を考えてみようという気になる。そして，最終的には専門家のもとを受診するように働きかけたい。自殺の危険は一般の人がひとりで抱え込むにはあまりにも重すぎるからである。

［7］いつも「自殺」の話題から打ち明けるわけではない
　あるベテラン社員，新入社員から「人間関係がうまくいかない」と打ち明けられて「若いうちにはよくあることだ」と言い聞かせて帰した。しかし翌朝，自殺を図った。幸い命は助かったがそこまで追いつめられていたとは思わな

った。
　初めから自殺のような深刻な問題を切りだすことができる人はまれである。最初はごくありきたりの話から始めることが多い。そこでありきたりだからといって性急に対応しないでまずは「聴き役」に徹することが大切である。これを意識しないでできるようになるために，まずは修行と思って聴き役に徹したい。相談する側はあえて誰かに尋ねなくても，自分でわかるようなことを尋ねて相手の反応を見ている。だから相談を持ちかけられた人は初めのありきたりの相談がひとまず片付いたと感じたら，それで終わりとするのではなく，「ほかにも何か困っていることはありませんか？」の一言を付け加えるのを癖にしたい。その一言がしばしば，より深刻な悩みを引き出すきっかけとなる。その悩みが自殺にまで追い込まれている心理的な危機かもしれないのである。

[8] まとめ

　自殺を理解するキーワードは「**孤立**」である。たった一つの原因だけで自殺が起こることは稀である。ほとんどの場合は，様々な問題が積み重なった末に決行されている。一見するとごく些細な出来事をきっかけにして自殺が生じたように見える。したがって自殺予防は，危機に直面している人が発している「救いを求める叫び」に早い段階で敏感に気づき，周囲の人々との「絆」を回復することを支援できるかどうかにかかっている。
　また自殺予防のためには"安心して，死にたいと言える関係性"の構築が必要である。もし「死にたい」と言われたら，「"死にたい"ほどつらいが，もしもそのつらさが少しでも和らぐならば本当は生きたい」の省略されたものだと，つまり勝算はこちらに十分にあると松本（2016）は述べている。

4. 死についての見方の発達

　森田正馬は恐怖の最大のものとして「**死の恐怖**」をあげた。フロイトは「**死の欲動**」仮説を提案した。いずれにしろ，「死」の意味は何かとは永遠の謎のようである。葬儀に参列した経験のある人なら感じるであろう。その人の人生は，一応のところ死をもって終わる。人生を扱ってきた本書も最終節を迎える。

「死」について考えてみよう。それは「生」を考えることの結論となる。

近年**スピリチュアル**（spiritual）という言葉がよく使われる。訳語としてよい日本語がない。「霊的」と訳すとこの言葉に崇高なものを感じる人とオカルト的な悪いイメージをもつ人がいて定まらない。「精神的」と訳すと「メンタル」との区別がつかない。そこで「魂の」として使い分ける学者もいる。いずれにしろ，精神や心では表せないもっと奥にある魂やイノチや宇宙にまでつながる豊かな意味を含んだ言葉である。定訳がないので「スピリチュアルケア」などそのまま使われることが多い。

なぜ私たちは生まれたのか，そして死んだらどうなるのか，どこに行くのか。この問いをめぐって様々な学問が独自のアプローチを使って探求してきた。そのすべてをまとめて結論を導くことは筆者の能力をはるかに超えることである。そこでこれまで筆者の求めてきた宇宙観・人間観・人生観から見て，安らかな気持ちで死と向き合える点で共感できる飯田（2005）の仮説を紹介して死を目前にした老年期の最後のまとめとしたい。

[1] 死後生仮説（life after death hypothesis）

　「人間は，トランスパーソナルな（物質としての自分を超えた精神的な）存在であり，その意味で，人間の生命は永遠である」

人間は，心の奥で，他の人間や生物をはじめ，地球や宇宙のあらゆる存在と，精神的につながっている。

この仮説を信じれば「自分は決して孤独ではなく，いつ，どこにいても，心の奥で無数の存在とつながり合って生きているのだ」という絶対的な安堵感を得ることができる。

[2] 生まれ変わり仮説（reincarnation hypothesis）

　「人間の本質は，肉体に宿っている（つながっている）意識体（spirit, soul）であり，修行の場（学校）である物質世界を訪れては，生と死を繰り返しながら成長している」

現在の人生を，前世や来世と関連づけて想像してみることで今回の人生で起きる出来事や出会う人に対して，長期的視野から奥深い意味を見出すことができる。

[3] ライフレッスン仮説 （life lesson hypothesis）

「人生とは，死・病気・人間関係などの様々な試練や経験を通じて学び，成長するための学校（修行の機会）であり，自分自身で計画した問題集である。したがって，人生で直面するすべての事象には意味や価値があり，すべての体験は，予定通りに順調な学びの過程なのである」

誰のせいでもない，他の人から被害を受けているのではない，と安堵感や納得感を得ることができる。

[4] 因果関係仮説 （the law of causality hypothesis）

「人生では『自分が発した感情や言動が，巡り巡って自分に返ってくる』という，因果関係の法則が働いている。この法則を活用して，愛のある創造的な言動を心掛ければ，自分の未来は，自分の意志と努力によって変えることができる」

人間の一生は決定づけられた運命で左右されるものではない。「人生は自分の意志によって創り上げるものであり，いつでも望ましい方向へと転換するチャンスが開かれている」という希望をもつことができ，よりよく生きようという意欲をもつことができる。

[5] ソウルメイト仮説 （soul mate hypothesis）

「人間は，自分に最適な両親（修行環境）を選んで生まれており，夫婦や家族のような身近な人々は『ソウルメイト』として，過去や未来の数多くの人生でも，交代しながら身近で生きる」

「愛する人との別離」という大きな恐怖から解放され，人間関係を，長期的

な視野と深い考察によってとらえることができるようになる。「袖擦り合うも，多生の縁」。時に，敵と味方に分かれて貴重な学びを積むこともある。ライバルとなって争い合うという配役を演じているその配役から多くのことを学び，お互いに許し合うことに挑戦しよう。

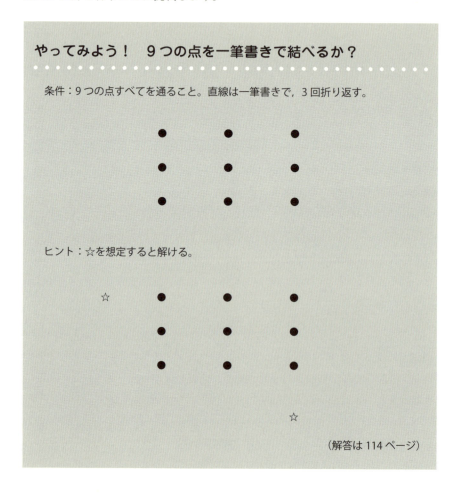

このワークは，以上の（1）〜（5）の仮説を信じることにたとえられる。ここでは☆が「来世」や「前世」であると考える。●は「現世」である。現実社会だけでぐるぐる回っていても解決しないということだ。現世（●）を離れ，

4. 死についての見方の発達　113

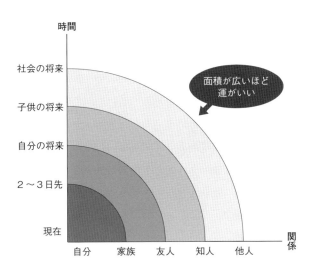

図 8-1　藤井（2011）の認知的焦点化理論における配慮範囲の概念図

広い視野（☆）で物事をとらえると方向性がわかる。☆（来世や前世）を想定して一筆書きでつなぐと「矢印」が浮かび上がり，自分の生きる意味や人生の方向性が明らかとなる。「川はすべて海を目指して流れる」。方向性を間違って泳いでいたら努力は実らない。川上に向かって泳いでもよいが早晩流されるだけである。現世の時間は有限である。人生の目的と方向性を誤りたくない。では人生の方向性はどうやって決めればいいのだろうか。藤井（2011）によれば，正しい方向性を保つ人とは「利己的でなく配慮範囲の広い利他的な人」（**認知的焦点化理論**）である（図 8-1）。この仮説が真実であれば，幸せとは運の良さに集約できる。ここでいう運の良さとは宝くじに当たることなどとは違う。それは「ラッキー」であり，刹那的・享楽的であり利己的な喜びである。藤井のいう運の良さとは「ハッピー」であり，永続性と満足感を伴い，周囲をも幸せにする利他的なものである。「配慮範囲の広い利他的な行動」とは東洋の人間観でいえば「菩薩道」といえる。利他の実践である「菩薩道」こそ私たちが求める幸せになるライフ・スタイルであるということではないだろうか。

　「我深く汝等を敬う，あえて軽慢せず，ゆえんはいかん，汝ら皆菩薩の道を行じて当に作仏することを得べし」。これは大乗仏教思想にみる菩薩道のひと

つである「不軽菩薩の誓い」である。ここにある「菩薩の道」とは「この世のために価値あるものを実現しようとする行動」である。また「作仏する」とは「尊いもの」の実現である（中島 1999）。この尊いものを人は「仏」といい「神」といい「愛」や「使命」と呼んだのだろう。この尊いものを探索し，自覚し，発動させていくライフ・スタイルこそ私たちの求める「幸せな人生」ではないだろうか。それへと正しく導くためにアドラーは「勇気」が必要であるとし，大乗仏教の思想ではこれを「慈悲」と呼んだのではないだろうか。混迷する現代社会に立ち向かうために私たちは両の手にしっかりこの「勇気と慈悲」の２つの徳目をもちたいものである。

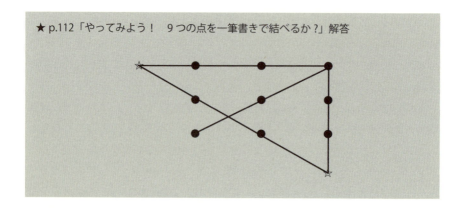

★ p.112「やってみよう！　9つの点を一筆書きで結べるか？」解答

あとがき

　本書が世に出るまでに，編集に携わっていただいた山本あかねさんに大変お世話になった。的確な指摘と意見と校正に多くを助けられた。本当に感謝申し上げたい。イラストは新進気鋭の書家，藤野由香さんに協力いただいた。また編者の出版の依頼にご理解を示してくださった中西良様に深く感謝申し上げたい。

　ちょうど，本書を執筆中に「ロックの精霊」と呼ばれるボブ・ディランが2016年度のノーベル文学賞受賞者になった。歌手の同賞受賞は初めて。彼の代表曲「風に吹かれて」には「どれだけの道を歩けば，一人前と認められるのか」とある。答えは「風に吹かれて」といいたいのだろう。あるがままの自分を生きることである。

　ソウルメイト仮説を説く，飯田（2005）は著作のあとがきの最後に一番好きな日本映画として「スウィングガールズ」（2004）をあげ「人生はJAZZだ。SWINGしなけりゃ意味がない」と述べている。筆者は「人生はROCK（反骨）だ！」を付け加えたいと思う。私に縁した身近な学生たちと世界の平和を祈願して，小倉祇園太鼓と沖縄エイサーとROCKバンドのコラボレーションライブに8年ほど取り組んでいる。

　人生の価値は「うちこむ」ことと「自分のリズムを刻む」こと。そして「風に吹かれて」あるがままの自分でSWINGすることだと思う。さあ諸君もSWINGを，そしてROCKな人生を！

引用文献
(アルファベット順)

■ 第 1 章

ボウルビィ, J. 黒田実郎・大羽 蓁・岡田洋子・黒田聖一(訳)(1991). 母子関係の理論 I —愛着行動(新版) 岩崎学術出版社

ブレムナー, J. G. 渡部雅之(訳)(1999). 乳児の発達 ミネルヴァ書房

エリクソン, E. H. 小此木啓吾(訳)(1973). 自我同一性—アイデンティティとライフサイクル 誠信書房

ゴプニック, A. 青木 玲(訳)(2010). 哲学する赤ちゃん 亜紀書房

池川 明(2008). 胎内記憶 角川SSコミュニケーションズ

カー=モース, R., & ワイリー, M. S. 朝野富三・庄司修也(監訳)(2000). 育児室からの亡霊 毎日新聞社

柏木恵子・古澤頼雄・宮下孝広(2005). 発達心理学への招待 ミネルヴァ書房

北村晋一(2013). 乳幼児の運動発達と支援 群青社

小西行郎(2003). 赤ちゃんと脳科学 集英社

鯨岡 峻(2002).〈育てられる者〉から〈育てる者〉へ 日本放送出版協会

レヴィット, S. D., & ダブナー, S. J. 望月 衛(訳)(2006). ヤバい経済学—悪ガキ教授が世の裏側を探検する 東洋経済新報社

前川喜平(1979). 乳幼児の神経と発達の診かた 新興医学出版社

湊 かなえ(2012). 母性 新潮社

Moore, K. L. (1988). *The developing human: Clinically oriented embryology* (4th ed.). W. B. Saunders.

中里由美(1995). 胎児と母親 麻生 武・内田伸子(責任編集) 人生への旅立ち—胎児・乳児・幼児前期 講座生涯発達心理学 第 2 巻(pp.35-64) 金子書房

岡田尊司(2012). 愛着崩壊 角川学芸出版

澤口俊之(1999). 幼児教育と脳 文藝春秋

スローン, M. 早川直子(訳)(2010). 赤ちゃんの科学 NHK出版

バーニー, T., & ウェイントラウブ, P. 日高陵好(監訳) 千代美樹(訳)(2007). 胎児は知っている母親のこころ—子どもにトラウマを与えない妊娠期・出産・子育ての科学 日本教文社

矢野喜夫・落合正行(1991). 発達心理学への招待 サイエンス社

■ 第 2 章
カイヨワ, R. 清水幾太郎・霧生和夫（訳）(1970). 遊びと人間　岩波書店
フルガム, R. 池央 耿（訳）(2016). 人生に必要な知恵はすべて幼稚園の砂場で学んだ　河出書房新社
ハッピーゆりかごプロジェクト Retrieved from http://happy-yurikago.net/2014/01/425/
ヘックマン, J. J. 古草秀子（訳）(2015). 幼児教育の経済学　東洋経済新報社
東山紘久 (1987). 精神の科学 6　ライフサイクル　岩波書店
ホイジンガ, J. 高橋英夫（訳）(1973). ホモ・ルーデンス　中央公論社
加藤繁美 (2007). 対話的保育カリキュラム・上　ひとなる書房
レズリー, I. 須川綾子（訳）(2016). 子どもは 40000 回質問する　光文社
皆川直凡 (2014). 子どもの最近接発達領域を考慮した教育事例の収集と分類　鳴門教育大学学校教育研究紀要, 28, 139-144.
ムーギー・キム & ミセス・パンプキン (2016). 一流の育て方　ダイヤモンド社
明神もと子 (2003). はじめて学ぶヴィゴツキー心理学　新読書社
澤口俊之 (1999). 幼児教育と脳　文藝春秋
柴田義松 (2006). ヴィゴツキー入門　子どもの未来社
塩川寿平 (2006). 名のない遊び　フレーベル館
トマセロ, M. 松井智子・岩田彩志（訳）(2013). コミュニケーションの起源を探る　勁草書房
谷田貝公昭（編集代表）(2016). 新版・保育用語辞典　一藝社

■ 第 3 章
アドラー, A. 岸見一郎 (1998). 子どもの教育　一光社
岩井俊憲 (2002). 勇気づけの心理学　金子書房
村井潤一 (1987). 発達と早期教育を考える　ミネルヴァ書房
中島俊介 (1991). こころと人間　ナカニシヤ出版
ネルセン, J., ロット, L., & グレン, H. S. 会沢信彦（訳）(2001). クラス会議で子どもが変わる―アドラー心理学でポジティブ学級づくり　星雲社
西田順一・橋本公雄・柳　敏晴・馬場亜紗子 (2005). 組織キャンプ体験に伴うメンタルヘルス変容の因果モデル　教育心理学研究, 53, 196-208.
野田俊作・萩　昌子 (2002). クラスはよみがえる　創元社
沢崎達夫 (2006). 子どもの心の声を聴く　児童心理 10 月号　金子書房
富田冨士也 (1997). わが子を「透明な存在」にしないための 50 の知恵　ハート出版
ヴィゴツキー, L. S. 土居捷三・神谷栄司（訳）(2003). 発達の最近接領域の理論　三学出版

■ 第 4 章
小林正幸 (2013). 保護者面談で親の活力を引き出す　児童心理　6 月臨時増刊号　金子書

房
野田俊作・萩　昌子（2002）．クラスはよみがえる　創元社
富田富士也（1992）．引きこもりからの旅立ち　ハート出版
八ッ塚　実（1990）．思春期の心を開く力　朱鷺書房
吉田脩二（1994）．心の病は人間関係の病　朱鷺書房

■ 第 5 章

エリクソン，E. H.　小此木啓吾（訳編）（1973）．自我同一性　誠信書房
河合隼雄（2014）．大人になることのむずかしさ　岩波書店
北西憲二（2001）．我執の病理　白揚社
コフート，H.　水野信義・笠原　嘉（監訳）（1994）．自己の分析　みすず書房
コフート，H.　本城秀次・笠原　嘉（監訳）（1995）．自己の修復　みすず書房
コフート，H.　本城秀次・笠原　嘉（監訳）（1995）．自己の治癒　みすず書房
森田正馬（1960）．神経質の本態と療法　白揚社
野田俊作・萩　昌子（1989）．クラスはよみがえる　創元社
岡田尊司（2005）．誇大自己症候群　筑摩書房
岡野憲一郎（1998）．恥と自己愛の精神分析　岩崎学術出版社
小此木啓吾（1976）．青年期精神療法の基本問題　笠原　嘉・清水将之・伊藤克彦（編）青年の精神病理（pp.239-294）　弘文堂
小此木啓吾（1981）．自己愛人間　朝日出版社
Rogers, C. R. (1951). Perceptual reorganization in client-centered therapy. In R. R. Blake & G. W. Ramsey (Eds.), *Perception: An approach to personality* (pp.307-327). New York: Ronald Press.
和田秀樹（1999）．自己愛の構造　講談社
渡辺利夫（1996）．神経症の時代　ティビーエス・ブリタニカ
ウルフ，E. S.　安村直己・角田　豊（訳）（2001）．自己心理学入門　金剛出版

■ 第 6 章

ベック，A. T.　大野　裕（訳）（1990）．認知療法─精神療法の新しい発展　岩崎学術出版社
カズンズ，N.　松田　鉄（訳）（2001）．笑いと治癒力　岩波書店
エリクソン，E. H.　仁科弥生（訳）（1977）．幼児期と社会 I　みすず書房
神田橋條治（1984）．追補精神科診断面接のコツ　岩崎学術出版社
岸見一郎（2006）．アドラーを読む　アルテ
国立社会保障・人口問題研究所（2016）．出生動向基本調査（2016年9月15日発表）
マリー＝フランス，H.　高野　優（訳）（1999）．モラル・ハラスメント　紀伊國屋書店
中井久夫（2013）．精神看護の基礎　医学書院
日本大辞典刊行会（編）（1981）．国語大辞典　小学館

岡本祐子（2008）．女性のライフサイクルとこころの危機―「個」と「関係性」からみた成人女性のこころの悩み　こころの科学, 141, 18-24.
植村勝彦（編）（2007）．コミュニティ心理学入門　ナカニシヤ出版

■ 第7章

ベック, A. T.　大野　裕（訳）（1990）．認知療法―精神療法の新しい発展　岩崎学術出版社
石山一舟（2005）．森田療法の応用・拡大領域と今後の発展課題　日本森田療法学会雑誌, 16, 51-56.
岩井俊憲（2000）．アドラー心理学によるカウンセリング・マインドの育て方　コスモス・ライブラリー
岩見一郎（2006）．アドラーを読む　アルテ
水谷啓二（1967）．慎重で大胆な生き方―神経質を活かす　白揚社
森田正馬（1975）．森田正馬全集　第五巻　形外会・合計66回の全記録　白揚社
中井久夫（2013）．精神看護の基礎　医学書院
日本大辞典刊行会（編）（1981）．国語大辞典　小学館
岡野憲一郎（2002）．恥と自己愛の精神分析―対人恐怖から差別論まで　岩崎学術出版社
齋藤　孝（2010）．雑談力が上がる話し方　ダイヤモンド社
シャルマン, B. H., & モサック, H. H.　前田憲一（訳）（2000）．ライフ・スタイル診断　一光社
鈴木大拙（1976）．東洋の心　春秋社
鈴木秀子（1993）．死にゆく者からの言葉　文藝春秋
高橋祥友（1997）．自殺の心理学　講談社
高橋祥友（2006）．自殺予防　岩波書店
高倉　健（2003）．旅の途中で　新潮社
田代信雄（2001）．森田療法入門―「生きる」ということ　創元社
上田義文（1989）．大乗仏教の思想　第三文明社

■ 第8章

藤井　聡（2011）．他人に配慮する人ほど運がよい　週刊ポスト2011年9月2日号
飯田史彦（2005）．生きがいの創造Ⅱ　PHP研究所
岸見一郎（2006）．アドラーを読む　アルテ
コフート, H.　本城秀次・笠原　嘉（監訳）（1995）．自己の治癒　みすず書房
松本俊彦（2016）．「死にたい」の理解と対応　心の科学, 186, 10-16.
宮崎　仁（2016）．身体愁訴の背後にある「死にたい」を見逃さない―プライマリ・ケアの現場から　こころの科学, 186, 21-24.
中島俊介（1999）．心と健康―青春の精神保健　ナカニシヤ出版
NHK「無縁社会プロジェクト」取材班（編著）（2010）．無縁社会―"無縁死三万二千人の

衝撃"　文芸春秋
野田俊作（1994）．続アドラー心理学トーキングセミナー――勇気づけの家族コミュニケー
　　　ション　アニマ2001
高橋祥友（2011）．精神科医がすすめる"こころ"に効く映画　日本経済新聞出版社
寺西憲二（2007）．森田療法のすべてがわかる本　講談社
植西　聰（2012）．ゆるす力　幻冬舎
梅棹忠夫ほか（監修）（1989）．日本語大辞典　講談社

■ あとがき
飯田史彦（2005）．生きがいの創造Ⅱ　PHP研究所

索　引

あ
愛着　6
アイメッセージ　23
アドラー（A. Adler）　19, 71
あるがまま　57, 85
　　――コーピング　84
異質感　34
ヴィゴツキー（L. S. Vygotsky）　15
うぬぼれ　52
エリクソン（E. H. Erikson）　8, 48
エンジョイメント　31
小此木啓吾　50

か
カイヨワ（R. Caillois）　16
鏡機能　47
賢さの発達　24, 26
我執　52
価値観　102
活力　48
感情の5つの法則　53
寒青　89
完全主義的・強迫的傾向（完全主義，強迫性）　52
寛容　35
聴く　27, 39, 102
希死念慮　105
傷つきやすい自己愛（自己中心性）　52
基本的信頼感　8
共感　35
凝集性　48
競争原理　21, 51
　　――の病理　51
共同体感覚（social interest）　63, 101

恐怖突入　94
協力原理　20
勤勉性　24
空虚化　48
現実感覚　53
貢献感　102
コーピング　81
固執　91
誇大自己症候群　51
コフート（H. Kohut）　46, 99
コミュニティ（community）　62
　　――感覚（psychological sense of community）　62
孤立　109

さ
差別観　91
自己愛
　健康な――　33, 46
　――憤怒　46
　肥大した――の罠　53
　不健康な――　46
自己受容感　102
自己対象　46, 47
　　――体験　47
事実自己　56
事実唯真　55, 86
思春期　33
自尊感情　31
死の恐怖　109
自発性　14
所属感　102
所属欲求　19-21
自律・自律性　11-14

人権感覚　102
親密性　59
信頼　35
　——感　102
スピリチュアル　110
戦争の世紀　19
尊敬　35

た
第一反抗期　11
対話　27, 36
縦の関係　23
ダブルバインド　83
断片化　48
超低出生体重児　5
通過儀礼　45
同等感　34
とらわれ　52

な
中井久夫　82
ならし保育　7
new object　50
認知的焦点化理論　113
ネグレクト　1, 12

は
発達の最近接領域　15
非認知能力　12, 13
評価過敏性　51

平等観　91
双子機能　47
不問療法　90
分離不安　6
ホイジンガ（J. Huizinga）　15
ボウルビィ（J. Bowlby）　6

ま
無縁社会　60
メンタルヘルス　31
目的　39
　——意識　14
森田正馬　51, 52, 84

や
勇気づけ　21, 33
ユーメッセージ　23
指さし　17
予期不安　53
欲望の是認　95
横の関係　23

ら
ライフ・スタイル　8, 41, 71
理想化機能　47
レジリエンス　32
ロジャース（C. R. Rogers）　55

わ
われわれ意識　63

【著者紹介】
中島俊介（なかしま　しゅんすけ）（編者）
1950 年生まれ
北九州市立大学大学院社会システム研究科修了　博士（学術）
北九州市立大学名誉教授　西南女学院大学保健福祉学部福祉学科教授
臨床心理士
主著に『こころと人間―ヤングへのアドバイス』（1991　ナカニシヤ出版）
『心と健康―青春の精神保健』（1999　ナカニシヤ出版）
『技ありの人間関係―人生の景色』（2021　花書院）
担当：第 5 章〜第 8 章

中島　大樹（なかしま　だいき）
1980 年生まれ
兵庫教育大学大学院学校教育研究科教科・領域教育専修生活・健康コース修了
修士（学校教育学）　熊本学園大学大学院社会福祉学研究科博士後期課程単位取得退学
保育園園長・保育士
現在の興味：運動遊びと社会的スキルの発達
担当：第 1 章・第 2 章

中島　晋作（なかしま　しんさく）
1977 年生まれ
九州大学大学院経済学府産業・企業システム専攻修了　修士（経済学）
小学校教師
現在の興味：初等教育の総合学習
担当：第 3 章・第 4 章

こころと人生
幸せのライフ・スタイルを求めて

2017 年 4 月 23 日　初版第 1 刷発行　（定価はカヴァーに表示してあります）
2023 年 3 月 30 日　初版第 4 刷発行

編　者　中島俊介
発行者　中西　良
発行所　株式会社ナカニシヤ出版
〒606-8161　京都市左京区一乗寺木ノ本町 15 番地
　　　　Telephone　075-723-0111
　　　　Facsimile　 075-723-0095
Website　http://www.nakanishiya.co.jp/
E-mail　 iihon-ippai@nakanishiya.co.jp
　　　　郵便振替　01030-0-13128

イラスト＝藤野由香／装幀＝白沢　正／印刷・製本＝ファインワークス
Copyright © 2017 by S. Nakashima
日本音楽著作権協会（出）許諾第 1703078-701 号
Printed in Japan.
ISBN978-4-7795-1167-7

◎本書のコピー，スキャン，デジタル化等の無断複製は著作権法上での例外を除き禁じられています。本書を代行業者等の第三者に依頼してスキャンやデジタル化することはたとえ個人や家庭内の利用であっても著作権法上認められておりません。